A vous la France!
ACTIVITY BOOK

A vous la France!
ACTIVITY BOOK

Pierrick Picot

BBC Books

Published by BBC Books,
a division of BBC Enterprises Limited,
Woodlands, 80 Wood Lane, London W12 0TT

First published 1990
This edition published 1993
Reprinted 1994
© Pierrick Picot 1990

ISBN 0 563 36074 7

Designed by Tim Higgins
Illustrations © Kate Simunek 1990
Set in Itek Palatino by
Ace Filmsetting Ltd, Frome, Somerset
Printed and bound in Great Britain by
Ebenezer Baylis & Son Ltd, Worcester
Cover printed by Clays Ltd, St Ives plc, England

Contents

Introduction

This workbook helps you to review and consolidate what you have learnt from the *A vous la France!* course book and recordings.

Like the course book, it is divided into 15 chapters which cover the main grammar points dealt with in each. In chapters 5, 10 and 15, you revise what you have learnt so far. You can test yourself and evaluate your progress with the help of the grading system explained at the beginning of chapter 5.

For each chapter there are a number of exercises, each one covering a specific grammar point and using, as far as possible, the vocabulary dealt with in that chapter. Each exercise starts with a brief recap of the grammar point. Where appropriate, you are referred to the relevant pages of the course book for further explanations. A few new grammar points are introduced and these are explained in full. Some new words are also introduced in each chapter, but you can look them up in the Vocabulary on pages 345–357 of the course book. You will probably remember most of the words used in the exercises from the *Mots-clés* sections of each chapter.

At the end of this Workbook, you will find a glossary of the new vocabulary used only in this book and not in the course book. Any new words not appearing in the course book are also noted at the beginning of each chapter. The answers to the exercises and a handy index to the grammar points practised appear at the end of the book.

You will find full instructions on when and how to use this Workbook in your User's Guide.

1 *Vous désirez?*

NEW WORDS

le banc	*bench*	**le genou**	*knee*
le chapeau	*hat*	**où est . . .?**	*where is . . .?*
le chou	*cabbage*	**où sont . . .?**	*where are . . .?*
le loup	*wolf*		

1 Just as English uses *the* or *a, an* before nouns, French has **le**, **la**, **l'** or **un**, **une**. These are called articles. The right article must be used in front of a noun according to its gender. There are no specific rules as to whether a noun is masculine or feminine. It is therefore essential to learn the gender each time you come across a new noun.

Le is used with a masculine noun and **la** with a feminine noun. **L'** is used in front of nouns which are either masculine or feminine but which start with a vowel or an 'h' which is not pronounced.

EXAMPLES *le* **croissant**
la **bière**
*l'***abricot**
*l'***hôtel** (but *le* **haricot** *bean*)

A Choose **le/la/l'** to put in front of the following words. Remember to look up any words you don't know in the Vocabulary of the *A vous la France!* course book.

____ jus de fruit	____ abricot	____ cinéma
____ poire	____ bouteille	____ orange pressée
____ pain	____ ami	____ croissant
____ baguette	____ ville	____ église

Un is used with a masculine noun and **une** with a feminine noun.

EXAMPLES *un* **croissant**
une **bière**
un **hôtel**

B Choose **un/une** to put in front of the following words:

____ bière	____ panaché	____ café
____ voisine	____ chocolat	____ église
____ boulangerie	____ route	____ musée
____ ananas	____ baguette	____ poire

2 In the plural, **le**, **la**, **l'** become **les** and **un**, **une** become **des**. As in English, the noun changes in the plural. With most words, you add an 's' at the end of the noun. See exercise 3 below for a more complete picture.

EXAMPLES *le* **café**   *les* **cafés**
          la **brochure** *les* **brochures**
          un **abricot**   *des* **abricots**
          une **bière**   *des* **bières**

A Fill in the appropriate missing word (*les* or *des*) in the sentences below:

a Il y a _____ hôtels à Grenoble.

b Merci pour _____ brochures et _____ catalogues.

c Vous avez _____ croissants et _____ baguettes, s'il vous plaît?

d Dans _____ rues piétonnes de Grenoble il y a _____ cafés.

e Vous avez _____ cartes?

f Voici _____ cartes de l'île.

B Put the words underlined into the plural:

a Une pêche et une poire, s'il vous plaît.

b Avez-vous une baguette et un croissant?

c Il y a un café crème, un chocolat et un express.

d Est-ce qu'il y a un restaurant dans l'hôtel?

e Vous avez un ticket, un plan et un catalogue.

C To revise the grammar point about articles, fill in the gaps in the paragraphs below with the appropriate article:

Voici _____ plan de _____ ville. Ici, vous avez _____ église. C'est _____église Saint-Jacques. Et voilà _____ place Saint-André, _____Hôtel de France, et _____ restaurant 'Chez Jean'.

Je voudrais _____ café, _____ bière et _____ sandwich. Est-ce que vous avez _____ croissants?

---

3 As a general rule, the plural of a noun is formed by adding an 's' to the singular, e.g. **une baguette**, **deux baguettes**. The most common exception to this rule is that words ending in a 'u' in the singular add an 'x' in the plural, e.g. **un chou**, **deux choux**.

A Put these words into the plural:

voiture	genou	soir
enfant	eau	piano
cheveu	banc	appartement
loup	tableau	chapeau

B Put the following plurals into the correct singular form:

genoux	panachés	loups
poires	eaux	musées

4 There are different ways of asking a question (see *A vous la France!* course book p 317):
   1 raise the intonation at the end of the sentence
   2 add **Est-ce que** at the beginning of the sentence
   3 invert the subject and the verb (adding a 't' when necessary)

   EXAMPLES **Vous désirez** *un café?*
           Est-ce que **vous avez une bière?**
           Voulez-vous **un café?**
           Va-t-elle **au cinéma?**

   How many different ways of asking a question can you find for each of the statements below?

   a Vous avez une liste des hôtels.

   b Vous désirez deux croissants.

   c Tu prends un panaché.

   d Vous avez une brochure.

   e Vous désirez quatre baguettes.

   f C'est gratuit.

5 To say *here it is/here they are* use **voici**, for *there it is/there they are* use **voilà**.

A How would you say the following?

   a Here is a pear.

   b There is the map.

   c Here are the croissants.

   d There are the apricots.

   e Here is the baker's shop.

B How would you answer the following questions?:

   EXAMPLES **Où est le musée?** *Le voici.*
           Où sont les tickets? *Les voilà.*

   a Où est le café? _____ (*Here it is.*)

   b Où sont les tickets? _____ (*There they are.*)

   c Où est l'ananas? _____ (*There it is.*)

   d Où sont les bières? _____ (*Here they are.*)

   e Où est le restaurant? _____ (*There it is.*)

2   *Où . . . ?*

NEW WORDS

l'hôtel de police (m)   *police station*
pleuvoir   *to rain*

il pleut   *it rains*
le supermarché   *supermarket*

---

1 To understand and give directions, you only need to know a few phrases and expressions, such as **à gauche**, **à droite**, **tout droit**, **en face de**, **derrière**, etc., as well as a few verbs such as **vous passez**, **vous continuez**, **vous tournez**, **vous prenez**, etc.

A To revise what you already know, can you put this jumbled dialogue in the correct order?

   a D'accord. C'est loin d'ici?

   b Alors, vous prenez la première rue sur votre gauche, puis la deuxième rue sur votre droite et c'est tout droit.

   c Non, la première rue à gauche.

   d Non, c'est tout près d'ici.

   e Pardon, Monsieur. Où est le café du commerce?

   f Alors, la deuxième rue à gauche.

B Using the map below, can you guide the tourist to the place he is looking for?

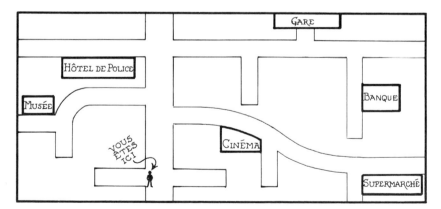

   a Où est la gare, s'il vous plaît?

   b Où est le supermarché, s'il vous plaît?

   c Où est l'Hôtel de Police, s'il vous plaît?

   d Où est la banque, s'il vous plaît?

C Now you are the tourist, can you ask which way it is to go to the bank, the cinema and the museum?

2 To make a sentence negative, you have to sandwich the verb between **ne** and **pas**. But note that **ne** in front of a vowel or an 'h' which is not pronounced, becomes **n'**.

E.g. **Je *ne* suis pas français.**
Le musée *n*'est pas loin d'ici.

Put the following sentences into the negative:

a Je suis française.

b Je suis anglais.

c Je suis de Grenoble.

d Il est du Havre.

e Le café est à droite.

f Vous êtes d'ici.

g Il est de Bourg.

h Je suis en vacances.

i La gare est près de la pharmacie.

j Il est écossais.

3 *Never, no more* and *no longer* use a similar formula:
never   **ne . . . jamais**
no longer **ne . . . plus**

Put each sentence into the negative, using the prompt in brackets:

E.g. **Ils sont bons.** (*no longer*) **Ils *ne* sont *plus* bons.**

a La musique est belle à Grenoble. (*never*)

b Il est ici. (*never*)

c Le musée est à côté de la gare. (*no longer*)

d La brochure est gratuite. (*no longer*)

e La bière est bonne. (*no longer*)

4 Generally speaking, after **ne . . . pas/jamais/plus**, **un/une** and **du/de la/de l'/des** become **de** or **d'**.

E.g. **Il y a des baguettes** becomes **Il n'y a pas *de* baguettes**
Vous désirez des poires? becomes **Vous ne désirez pas *de* poires?**

Put the following sentences into the negative using the prompt in brackets:

a Il y a des croissants à la boulangerie Saint-Pierre. (*never*)

b Vous désirez des baguettes? (*not*)

c Il y a un restaurant à côté de l'église. (*no longer*)

d Il y a un buffet dans la gare. (*not*)

e Vous voyez des Écossais en vacances à Grenoble. (*never*)

f Vous désirez des brochures? (*not*)

3 *Combien?*

NEW WORDS
la boîte de bière *can of beer*   **le pommier** *apple-tree*
les huîtres (f) *oysters*   **la veste** *jacket*

---

1 When *of* is used to link two words in a phrase like *a pound of tomatoes*, **de** or **d'** is used.
E.g. **une livre *de* tomates, un kilo *d'*abricots.**

A   Write down the shopping list below:

EXAMPLE *1lb carrots* **une livre de carottes**

2 litres of white wine

2lb of butter

a bag of potatoes

1 kilo of apples

1 dozen oysters

a packet of biscuits

1 tin of tomatoes

B   Translate into French:

a a packet of coffee

b two bottles of red wine

c a dozen eggs

d a piece of cheese

e a can of beer

---

2 You will also find **de/d'** used in phrases such as **une table de nuit** *a bedside table* or **une femme de quarante ans** *a forty-year-old woman*.

Here are other examples where you need to use **de/d'**. Put them into French:

a the Paris train

b a two-year-old child

c goat's cheese

d the café waiter

e a ten-year-old boy

f a five-franc coin

g a Barbary duck

3 *Of the* is **du (de + le)**, **de la**, **de l'** or **des (de + les)**.

Fill in the missing word(s):

a   A gauche _____ banque.

b   A côté _____ maison.

c   A droite _____ bureau de tabac.

d   Le prix _____ abricots.

e   Les fruits _____ pommier.

f   Les rues _____ ville.

4 **De** + article (**le, la, l'** or **les**) is also used in phrases like *the dog's kennel* **la niche du chien**, to show when something belongs to somebody. In English we usually use -*'s*.

Translate into French:

a   The husband's flat.

b   The son's jacket.

c   The woman's bag.

d   The child's milk.

e   The sister's house.

5 To express *some* or *any*, use **du (de + le)**, **de la**, **de l'** or **des (de + les)**. For more explanation see *A vous la France!* course book (pages 62 and 63).

Find the missing word(s):

EXAMPLES *Would you like some cheese?* **Vous voulez *du* fromage?**
          Have you got any tomatoes? **Vous avez *des* tomates?**

a   Vous avez _____ sandwichs?

b   Vous voulez _____ café?

c   Je voudrais _____ croissants avec _____ beurre.

d   Vous voulez _____ eau avec votre whisky?

e   Il y a _____ vin dans la bouteille.

f   J'ai _____ fromage de chèvre.

g   Avez-vous _____ argent?

h   Est-ce qu'il y a _____ crème?

i   Vous avez _____ fraises?

j   Vous voulez _____ lait?

6 **En** means *some* or *any* when it replaces a phrase with a noun introduced by **du, de la, de l', des**.
E.g. **Vous avez du café? Oui, j'*en* ai.**
     Tu as des poires? Non, je n'*en* ai pas.

A   Answer the questions using **en** and the information provided:

a   Vous avez des enfants? (*yes*)

b   Vous prenez de la crème? (*yes*)

c   Vous avez de l'eau? (*yes*)

d   Vous avez du vin? (*no*)

e   Vous prenez de la bière? (*no*)

En also means *of it, of them* in sentences like:

Vous avez des frères? Oui, j'*en* ai deux.
Vous avez une maison? Non, je n'*en* ai pas.

B   Answer the questions using **en** and the information provided:

  a Combien d'abricots avez-vous? (*two kilos*)

  b Vous avez des enfants? (*yes, five*)

  c Vous en prenez combien? (*six*)

  d Vous avez des sœurs? (*yes, three*)

  e Vous avez un appartement? (*no*)

7 This exercise is to revise the right phrases to use in a polite conversation whether you are at the market or with some friends. Phrases such as *How do you do?*, *I'm sorry* and *My pleasure* are useful in many different situations.

Try to find more than one way to say each of the following sentences when putting the following dialogue into French:

  a Hello, Mrs Blanc.

  b Good morning, Mr Lenoir.

  c What would you like?

  d Have you any apples?

  e Of course. How many would you like?

  f Give me a pound, please.

  g Here it is.

  h Thank you so much. How much is it, please?

  i 4,50 F.

  j There you are. Have you got a bag, please?

  k Yes. There you are.

  l Thank you.

  m My pleasure. Goodbye, Mrs Blanc.

  n 'Bye Mr Lenoir.

8 Cardinal numbers are numbers such as **un** (1), **deux** (2), **trois** (3), **quatre** (4), etc.

A   Translate the following numbers:

six	cinquante et un
sept	soixante-trois
neuf	trente-six
quinze	quatorze
douze	quarante-deux
vingt-cinq	vingt-huit

B   How would you translate the following?

  a forty-six friends   *e* 12,50 F

  b seventeen cabbages   *f* thirty-one oysters

  c sixty houses   *g* forty-nine jackets

  d fifty-six hats

9 Ordinal numbers are numbers such as **premier** (first), **deuxième** (second), **troisième** (third), **quatrième** (fourth), etc. To form an ordinal number, just add -**ième** to the cardinal number. **Un** is the only real exception. It changes to become **premier** with a masculine noun or **première** with a feminine noun. Note that **vingt et un** becomes **vingt et unième** and that **neuf** becomes **neuvième**.

A   Translate the following ordinal numbers:

sixième

douzième

quatorzième

vingt-cinquième

cinquante et unième

centième

B   How would you translate these statements?

a Take the first street on your right.

b The chemist's is second on the left.

c It is the fourth house after the grocer's.

d It's the twelfth street after the cinema.

e It is the third house after the café.

f Take the sixth street on your left.

4 Qu'est-ce que vous avez comme . . . ?

NEW WORDS

les Antilles (f)   *West Indies*
frais (m), **fraîche** (f)   *fresh, cool*
la framboise   *raspberry*
joyeux (m), **joyeuse** (f)   *merry*

les lardons (m)   *bacon*
mon   *my*
le quartier   *area* (town)

1   Check with *A vous la France!* course book pages 65 and 311–12 to remind yourself about French numbers. Then translate the following into French:

  a   a hotel bedroom at 200 francs per night

  b   seventeen stamps at two francs

  c   a postcard for six francs

  d   an ice-cream for ten francs

  e   the pâté for seven francs a kilo

2   **Au** (**à** + **le**), **à la**, **à l'** or **aux** (**à** + **les**) is used with ingredients and flavours.
E.g. **un sandwich** *au* **fromage** *a cheese sandwich*, **un pain** *aux* **raisins** *a currant bun.*

  Fill the gap with the appropriate word:

  a   un pain _____ chocolat

  b   un thé _____ citron

  c   une tarte _____ cerises

  d   un yaourt _____ abricot

  e   une glace _____ framboise

  f   une omelette _____ lardons

  g   une tarte _____ crème

  h   une boisson _____ chocolat

  i   un coq _____ vin

  j   un poulet _____ ananas

3   *At* in phrases such as *at home* or *at school* is expressed by **au**, **à la**, **à l'** or **aux**.
E.g. *à la* **maison** *at home,* **au café** *at the café,* **à l'école** *at school.*

       Fill in the missing words:

      a _____ Antilles.

      b _____ église.

      c _____ marché.

      d _____ pharmacie.

      e _____ maison, j'ai trois chats.

      f Je suis _____ poste.

      g Ils sont _____ bureau de tabac.

      h Vous êtes _____ café?

      i Elles sont _____ hôtel.

      j Je ne suis pas _____ appartement.

4   *This* is **ce**, **cet** or **cette** and *these* is **ces**. E.g. *ce* **chien** *this dog,* *cette* **femme** *this woman,* *ces* **poires** *these pears.*

Note that **cet** is used in front of a masculine noun starting with a vowel or an 'h' which is not pronounced, for instance *cet* **été** *this summer.*

      Fill in the blanks in this list:

      _____ ananas

      _____ timbre

      _____ pommes

      _____ allumettes

      _____ marché

      _____ douche

      _____ Noël

      _____ saucisse

      _____ bouteilles

      _____ région

5   In most cases adjectives change if they accompany a feminine noun. Just add an **e** to the end of the adjective. E.g. **petit** becomes **petite**, **grand** becomes **grande**. You will come across many exceptions: **blanc, blanche; frais, fraîche; long, longue; beau, belle; vieux, vieille**, etc. (See pages 309–10 of *A vous la France!* course book.)

      Work out the correct form of the adjectives (in brackets) to go with these nouns:

      a une salle de bains (vert) _____

      b une tranche (épais) _____

      c une veste (rouge et bleu) _____

      d une (beau) maison _____

      e la langue (espagnol) _____

      f une personne (italien) _____

      g une (bon) glace à la vanille _____

      h une table (blanc) _____

      i une douche (chaud) _____

      j une école (privé) _____

6 With nouns in the plural, an **s** must be added to the end of the adjective, unless the
adjective already has an **s** (**frais**) or an **x** (**vieux**) on the end. E.g. **un chocolat chaud**
becomes **des chocolats chauds**, **une petite maison** becomes **des petites maisons**. But
watch out for other exceptions in the plural such as **beau** which becomes **beaux**.

A Alter the adjectives given in brackets accordingly:

  a des (grand) personnes

  b des lavabos (blanc)

  c des villages (italien)

  d des allumettes (gratuit)

  e des maisons (neuf)

  f des enfants (joyeux)

  g des (petit) pommes

  h des (beau) garçons

  i des boissons (frais)

  j des (vieux) quartiers

B Now insert the correct article and alter the adjective in brackets whenever
necessary:

C'est ____ (petit) village. Il y a ____ maisons (vert), (rouge) et (blanc). Il y a aussi
____ (petit) hôtel sur ____ (grand) place du marché. ____ (beau) maison est ____
Hôtel de Ville.

7 In French, most adjectives go after the noun. But a few common ones like **grand**, **petit**,
jeune, **vieux**, **bon**, **mauvais** and **gros** usually go before the noun they are describing.

  Where would you put these adjectives?

  a un restaurant (petit)

  b un hôtel (confortable)

  c un film (vieux)

  d une ville (allemande)

  e un sandwich (délicieux)

  f un vin (bon)

5 *Faisons le point* 1
(Revision chapter)

NEW WORDS
l'infirmière (f) *nurse*   **la société** *company*

This chapter is designed for you to revise the grammar points dealt with in the preceding four chapters and to test yourself.

You can evaluate your performance by giving yourself one mark for each correct answer. After each exercise, count the number of marks and check how well you've done with the grading system below:

8–10 marks: very good
6–7 marks: good
4–5 marks: quite good
0–3 marks: There's quite a bit you have not understood. Read through the first four chapters again.

---

1 What was the question? Write down one possible question for each answer given:

  a C'est gratuit.

  b Je viens de Bordeaux.

  c La poste est à côté de la gare.

  d Jambon, pâté, fromage, saucisson.

  e Non, je suis de Nantes.

  f Je prends une bière, s'il vous plaît.

  g Je suis représentant.

  h Oui, je suis écossais.

  i Un kilo de petites.

  j Non, c'est à deux minutes d'ici.

2A Answer the following questions in the negative:

  a Pierrick est à l'hôtel?

  b Elle est infirmière?

  c Le cinéma est en face de la poste?

  d Il y a un buffet dans la gare?

  e Les bières sont bonnes?

B   Answer each question starting with **Non** and using **ne . . . pas**, **ne . . . plus** or
ne . . . jamais. There may be several answers, but give only one for each question:

a   Vous êtes de Marseille?

b   Vous avez de l'eau minérale?

c   Vous parlez l'italien?

d   Vous êtes à l'école?

e   Les tickets sont gratuits?

f   La poste est à côté du grand magasin?

g   Vous prenez un petit déjeuner le matin?

h   Il y a des tartes à la crème?

i   Il est vieux?

j   Vous êtes en vacances?

3A   Answer the following questions:

a   Où sont les clés?   (*Here they are.*)

b   Vous avez le pain?   (*Yes, there it is.*)

c   Où est Barbara?   (*There she is.*)

d   Où est mon mari?   (*Here he is.*)

e   Le marché est près d'ici?   (*Yes, there it is.*)

B   How would you say the following?

a   Here are the two brothers.

b   There is Nice on the map.

c   Here is the plan.

d   Here are two kilos of apples.

e   There you are, one pound of mushrooms and six oranges.

4   Fill in the missing numbers:

EXAMPLE **J'ai** *trente-huit* **(38) ans.**

a   Le monsieur a _____ (71) ans.

b   Ça coûte _____ (150) francs.

c   Il y a _____ (12) cinémas.

d   C'est à _____ (30) minutes d'ici.

e   Avez-vous _____ (90) centimes?

f   C'est à _____ (350) kilomètres.

5   Rearrange the words in each sentence so they make sense. Then rearrange the sentences to make a dialogue.

   a gauche tout puis c'est à droit

   b deux je une s'il cafés plaît Monsieur bière voudrais vous et

   c vous je Monsieur prie en

   d peux l'addition je avoir

   e vous Monsieur remercie je beaucoup

   f cafés la voilà les et voici deux bière

   g Dames au à Messieurs séjour revoir bon La Baule

   h Messieurs désirez Dames vous bonjour

   i vous est la s'il où plaît poste

   j au Monsieur revoir

6   Put the adjectives in the right place and make them agree in gender and number. For this exercise, you count one mark for the gender and number and one mark for the position of the adjective.

   a les maisons (petit)

   b des églises (allemand)

   c les rues (vieux)

   d les restaurants (bon)

   e une société (grand)

7   Answer the following questions using the prompt in brackets:

   a Vous prenez du lait?   (*No, never.*)

   b Vous avez plusieurs maisons?   (*yes, three.*)

   c Vous avez une allumette?   (*No.*)

   d Il a un chien?   (*No, no longer.*)

   e Vous prenez des vacances?   (*No, never.*)

   f Vous faites des sandwichs?   (*No, no longer.*)

   g Vous avez des brochures?   (*Yes, many.*)

   h Vous mangez des huîtres?   (*No, never.*)

   i Vous avez des pièces de cinq francs?   (*Yes, two.*)

   j Vous avez cinq frères?   (*No, four.*)

8   Fill in the missing words:

   a Je suis _____ boulangerie.

   b Je voudrais cinq timbres _____ deux francs vingt.

   c C'est _____ cinq minutes _____ pied.

   d Est-ce qu'il y a des chambres de libre _____ hôtel?

   e Vous prenez une tartelette _____ fraises ou _____ citron?

6   *Bon voyage!*

NEW WORDS

les courses (f)   *errands, shopping*
facile   *easy*
fumer   *to smoke*
heureux (m)**, heureuse** (f)   *happy*

le métro   *underground*
offrir   *to offer, to give a present*
le trajet   *journey*

---

1   To say what the time is, you simply start the sentence with **Il est** followed by the time of day, for example **deux heures**: **Il est deux heures**. Note that a.m. is **du matin**, p.m. is **de l'après-midi** or **du soir** after 6.00 p.m.

EXAMPLES   **Il est trois heures.** (3.00)
  Il est trois heures et demie. (3.30)
  Il est trois heures trente-cinq. (3.35)
  Il est dix heures moins le quart or **Il est neuf heures quarante-cinq.** (9.45)
  Il est onze heures moins dix or **Il est dix heures cinquante.** (10.50)

A   Write down the times shown on the clocks:

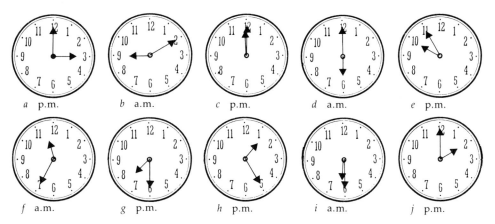

a   p.m.   b   a.m.   c   p.m.   d   a.m.   e   p.m.

f   a.m.   g   p.m.   h   p.m.   i   a.m.   j   p.m.

B   Write out in full this person's timetable:

EXAMPLE   **7 heures: petit déjeuner (je prends)**
  Je prends mon petit déjeuner à sept heures.

a   7 h 40   douche   (je prends)

b   8 h 15   métro   (je prends)

c   8 h 30   travail   (je commence)

d   12 heures   déjeuner   (je prends)

e   18 h 30   (je termine)

f   20 heures   dîner au restaurant   (je vais)

g   21 heures   cinéma   (je vais)

h   23 h 30   (je rentre)

2 To ask what time a train leaves use **A quelle heure**, e.g. **A quelle heure il y a un train pour Paris?** or **A quelle heure part le train pour Paris?**

Typical replies to these questions would be **Il y a un train pour Paris toutes les demi-heures** or **Il part à dix heures huit.**

A   Look at the train timetable below and work out some questions and answers about train departure times. You are in Angers.

ANGERS SAUMUR

	SEMAINE															DIMANCHES & FETES									
	■	■	□	■	■	■	■	■	■	■	□	■	■	■											
Angers St-Laud	0.27	5.28	6.39	7.44	9.48	11.09	12.15	14.30	14.50	16.57	17.11	18.29	19.37	23.35		0.27	7.44	11.09	14.30	14.50	16.57	17.11	20.18	23.35	23.58
La Bohalle							12.23					18.37													
St-Mathurin							12.29					18.43													
La Ménitré			6.52				12.33	14.43		17.10		18.48							14.43		17.10				
Les Rosiers-sur-Loire							12.39					18.54													
Saumur-Rive-Droite	0.54	5.48	7.05	8.05	10.10	11.30	12.47	14.55	15.11	17.21	17.35	19.03	19.58	0.02		0.54	8.05	11.30	14.55	15.11	17.21	17.35	20.39	0.02	0.25

□ du lundi au vendredi

■ du lundi au samedi

a You're invited to lunch on Saturday with friends who live at Les Rosiers-sur-Loire. Ask if there is a train and at what time it leaves in order to be there for lunchtime.

b You want to be in Saumur to see the 8.00 p.m. film on Friday evening. Ask what time the train leaves so that you will be there on time.

c You have an interview at La Ménitré at 3.00 p.m. on Monday. Ask if there is a train for La Ménitré and at what time it leaves so that you will be on time.

B   Translate these questions and answers into French:

a What time does the bus for La Baule leave?
   At 8.30 in the morning.

b What time does the Paris train arrive?
   It arrives at 2 p.m.

c Is there a coach for Lyon?
   Every evening at 10.45.

d Does the plane to Nice leave at 4 p.m.?
   No, it leaves at 11.55 in the morning.

e What time do you leave for London?
   At 9.20 a.m.

3 To be able to use public transport efficiently, you will need to know a few basic phrases.

EXAMPLES **Je voudrais un aller-retour en seconde.**
Le premier train pour Cannes est à quelle heure?
Le train de neuf heures vingt-huit part dans une minute.

Consult *A vous la France!* course book (chapter 6) to revise all the useful phrases and expressions for travelling.

A How would you say the following?

a I would like a single ticket, first class, to Toulouse, please.

b What time is the next train to Lyon?

c The last bus is just before midnight.

d Which platform does the train leave from?

e The next train leaves in ten minutes' time.

B Can you write out the following messages in full?

> **Useful abbreviations**
>
> **tlj**   tous les jours
> **lu**, **ma**   lundi, mardi, etc.
> **jan**, **fév**   janvier, février, etc.
> **circ**   circule
> **sf**   sauf

a le TGV circ tous les dim sf en juill

b le train circ tlj sf le lu

c le train de 9 h 45 circ tlj sf sam/dim

d ne circ pas en déc sf le mer

e le train circ tlj en jan sf les lu/ven

---

4 Verb endings in French change according to the person performing the action. Here are the changes with **je** *I*, **nous** *we*, **il/elle** *he/she/it*, **ils/elles** *they*. See also *A vous la France!* course book pages 125 and 126.

EXAMPLES **Je parle français.** *I speak French.*
Nous parlons français. *We speak French.*
Vous parlez français. *You speak French.*
Ils/Elles partent à Paris. *They go to Paris.*

Change the verb in brackets:

a Vous (aller) à Nantes.

b Vous (fumer) la pipe ou la cigarette?

c Nous (aller) à Angers demain.

d Je (manger) au restaurant tous les jours.

e Elles (travailler) à Nantes.

f Nous (regarder) la télévision tous les soirs.

g Il (boire) du whisky à midi.

h Elle (partir) au travail à sept heures du matin.

i Je (acheter) des timbres au tabac.

j Ils (offrir) des chocolats pour Noël.

5   French, like English, has regular and irregular verbs. It is essential to know some irregular verbs such as **avoir**, **être** and **faire** (see page 126 in *A vous la France!* course book).

Find the right form of the verb in brackets. Try it first without looking in *A vous la France!* course book.

a   Je (avoir) un billet d'avion.

b   Il (avoir) une place dans le train.

c   Tu (aller) en avion aux États-Unis?

d   Je (faire) mes courses au supermarché.

e   Vous (être) écossais?

f   Vous (avoir) un horaire des trains?

g   Je (aller) à Bordeaux en TGV.

h   Nous (être) de Paris.

i   Elles (aller) partir par le train de cinq heures huit.

j   Vous (faire) ce trajet tous les jours?

6   A large number of adverbs are formed by adding -**ment** to the feminine form of the adjective.

EXAMPLES **exact (e)   exactement**
          normal (e)   normalement

But note that there are exceptions.

Find the feminine form of these adjectives and then write down the adverb.

probable	facile
deuxième	honnête
général	heureux
rapide	calme
cinquième	sérieux
certain	naturel

7   *Bon appétit!*

NEW WORDS
l'essence (f)   *petrol*
le gazole   *diesel*
à l'heure (f)   *on time*
lourd(e)   *heavy*
rouler   *to drive*

---

1   *You* is either **tu** or **vous**. The verb ending changes as illustrated in the examples below. (For when to use **tu** or **vous**, see *A vous la France!* course book page 149).

EXAMPLES   **Tu choisis un plat.**
Vous voulez un apéritif?
Tu es française ou anglaise?
Vous prenez le train de huit heures trente.

A   You are working for a market research company in Lyon. You have to ask questions to passers-by. How would you ask the following questions to *i* an old lady? *ii* a friend of yours?

  a   Are you from Lyon?

  b   What is your nationality?

  c   Do you work in Lyon?

  d   What is your job?

  e   Do you speak other languages?

B   Give the correct verb ending for each sentence:

  a   Tu (prendre) le TGV pour aller à Paris.

  b   Vous (boire) de la bière.

  c   Comment (aller)-vous?

  d   Tu (être) de Paris.

  e   Tu (avoir) une assiette.

  f   Vous (avoir) une maison à la montagne.

  g   Tu (travailler) à l'école.

  h   Où (aller)-tu?

  i   Vous (commencer) à quelle heure?

  j   Tu (boire) un apéritif?

---

2   Likes and dislikes. Once you know some verbs and a few adverbs you can combine them in many different ways:

EXAMPLES   **Vous aimez un peu le steak-frites.**
Je n'aime pas beaucoup la cuisine chinoise.
Je préfère de beaucoup le gratin dauphinois au riz.

A   Translate the following sentences into French:

  a I don't like sauerkraut very much.

  b I prefer cheese.

  c I much prefer pancakes.

  d I hate vegetables.

  e I prefer caramel cream to salad.

  f I don't like meat at all.

  g I like croissants and black coffee for breakfast very much.

  h I love Scotland, but I don't like the food very much.

  i I prefer tea to coffee.

B   Use the key and the prompts below to say how much you like the following things.

Aimer: un peu (+)
            beaucoup (++)
            pas beaucoup (−)
            pas du tout (−−)	

Adorer (+++)	
Détester (−−−)	

  a la confiture (−)

  b les spaghettis (+)

  c le cassoulet (++)

  d les vacances (+++)

  e le football (−−)

  f aller au théâtre (++)

  g le fast-food (−−−)

  h les desserts (−)

  i la pizza (−−)

  j le café noir (++)

---

3 **On** is used to translate *one, we, people* and also *you*. The verb ending is the same as with **il** or **elle**. **On** is often used in sentences such as *Shall we go?* **On s'en va?** or *French spoken here* **Ici on parle français** or *You are wanted on the phone* **On vous demande au téléphone.**

A   Change the following sentences so that they use **On**:

  a Nous arrivons toujours à l'heure.

  b Nous sommes à la gare Montparnasse.

  c En Angleterre, d'habitude nous mangeons le dessert avant le fromage.

  d Où sommes-nous?

  e Vous partez toujours en vacances en août.

B   Translate the following sentences into French choosing either **on**, **vous** and/or **nous**:

  a Shall we eat out this evening?

  b Will you have a glass of champagne?

  c Are you going tomorrow?

  d Welsh spoken here.

  e In England, we drive on the left.

  f Shall we buy this cheese?

  g We love couscous.

  h We go to church every Sunday.

  i What do people drink with pancakes?

  j We drink white wine with fish.

4 In English articles are not always necessary, whereas in French you nearly always need an article before the noun.

Write down your answers to the following questions:

EXAMPLE *Do French people eat snails?*
Oui, ils mangent *les* escargots.

a Do you like seafood?

b Do you work on Saturdays?

c Does cider go well with pancakes?

d Do you prefer champagne to beer?

e Do you like rare meat?

f Do children like fast food?

g Is red wine good with red meat?

h Do you prefer beer to water?

---

5 To make a comparison with adjectives, e.g. *more expensive than, bigger than*, use **plus . . . que**.

EXAMPLES *Coffee is more expensive than tea.* **Le café est *plus cher que* le thé.**
Paris is larger than Bordeaux. **Paris est *plus grand que* Bordeaux.**

Make comparisons following the example below:

EXAMPLE Paul: 75 kg Pierre: 70 kg
Paul est _____ lourd _____ .
Paul est plus lourd que Pierre.

a Patrice: ⁹/₁₀ Sophie ⁹/₁₀

Sophie est _____ intelligente _____ .

b Paris–Angers en TGV: 1 h 30 Paris–Angers en voiture: 2 h 30.

Le TGV est _____ rapide _____ .

c Yves: 1,95 m Joël: 1,80 m

Yves est _____ grand _____ .

d essence: 5,05 F Gazole: 3,45 F

L'essence est _____ chère _____ .

e champagne: 60 francs Bière: 12 francs

Le champagne est _____ cher _____ .

---

6 To say *less _____ than,* use **moins _____ que** with an adjective.

EXAMPLE *The vase is less expensive than the table.*
Le vase est *moins* cher *que* la table.

Make comparisons using **moins _____ que.**

a Paris grand New York

b le pain bon croissants

c votre appartement grand ma maison

d le vin frais l'eau

e le train rapide l'avion

7 To say *as* _____ *as*, use **aussi** _____ **que** with an adjective.

EXAMPLE *He is as fast as Vincent.* **Il est** *aussi* **rapide** *que* **Vincent.**

Make comparisons using **aussi** _____ **que.**

a Thomas jeune Emmanuelle

b Marseille agréable Cannes

c je suis calme Marc

d il grand Monsieur Leroux

e vous riche elle

8 *Faites votre choix*

NEW WORDS
l'appareil-photo (m) *camera*   **la montre** *watch*
la bibliothèque *library*   **l'or** (m) *gold*
le bois *wood*   **la piscine** *swimming pool*
le cuir *leather*   **le plastique** *plastic*

1 To express quantities and sizes, you need to know a few useful adverbs such as:

assez *enough*
très *very*
trop too
un peu *a little*
un peu plus *a bit more*
In *A vous la France!* course book (pages 162 and 167), you will find more examples.

Translate the following replies into French:

a C'est une bouteille d'un litre?   *No, a bit more.*

b C'est votre taille?   *No, it's too big.*

c Vous voulez du vin?   *Yes, a little.*

d Vous prenez ces chaussures?   *No, they are too small.*

e Vous aimez cette robe?   *Yes, but it's far too small.*

f Vous aimez cette maison?   *Yes, but there are not enough bedrooms.*

g Un kilo, c'est assez?   *No, it's too much.*

h Vous voulez une tranche de pâté, comme ça? *A bit more, please.*

i Il y a plus d'une livre, ça va?   *It's a bit too much.*

j Il y a 250 grammes?   *It's not enough.*

2 To stress the difference in French between *this house* and *that house*, you put **ce/cet** or **cette** in front of the noun and you add **-ci** or **-là** after it.

EXAMPLES *cette* **maison**-*ci* this house
ce **chien**-*là* that dog
cet **arbre**-*ci* this tree

A   Answer the questions using the information provided:

EXAMPLE **A qui sont les pantalons?**   **(Jean Paul)**
Ce **pantalon**-*ci* est à Jean et *ce* **pantalon**-*là* (est) à Paul.

a A qui sont les briquets?   (Julien Olivier)

b A qui sont ces deux robes?   (Barbara Mado)

c A qui sont ces tableaux?   (Sophie Max)

d A qui appartiennent ces appareils-photos? (Thomas Mathieu)

e De quelles couleurs sont les maisons?   (vert rouge)

To say *this one* or *that one*, use **celui-ci/celle-ci** or **celui-là/celle-là**, and for *these (ones)* and *those (ones)*, use **ceux-ci/celles-ci** or **ceux-là/celles-là**.

B   Answer the questions using the information provided:

  a Quelle est votre maison?   *It is this one on the right-hand side.*

  b Quel magazine préférez vous?   *I'd like this one, please.*

  c Quelles tomates voulez-vous?   *I'd like two kilos of these.*

  d Quel pantalon est-ce que vous prenez?   *This one is too small and that one is too large.*

  e Vous préférez quels hôtels?   *I prefer those.*

---

3   To say *the yellow one* or *the small one*, you don't need to translate the word *one*. Just say **le jaune/la jaune** or **le petit/la petite**.

EXAMPLE   **Tu veux les grands livres? Non je veux *les petits*.**

Answer the questions using the prompts:

  a Vous aimez les pommes rouges?   *(No, I prefer the yellow ones.)*

  b Tu vois le grand chien?   *(No, the little one.)*

  c Vous prenez les grands verres?   *(No, the small ones.)*

  d Elle aime la robe bleue?   *(No, she prefers the green one.)*

  e Tu achètes la petite voiture?   *(No, the large one.)*

  f Vous avez le petit appartement?   *(No, the big one.)*

  g Vous aimez les chaussures blanches?   *(Oh no, I prefer the black ones.)*

---

4   To indicate what something is made of, use **en**, e.g. **Cette robe est *en* coton.**

En can also be used to say what size or what colour you want, e.g. **Je voudrais ce chapeau, mais *en* rouge** or **Est-ce que vous avez ce pantalon *en* quarante-deux, s'il vous plaît?**

Translate the following into French:

  a Plastic plates.   *d* This house is made out of wood.

  b This ashtray is made of glass.   *e* Is this bag leather?

  c A pottery vase.   *f* A gold watch.

---

5   **Aller** *(to go)* is an irregular verb:

Je vais   Nous allons
Tu vas   Vous allez
Il/Elle va   Ils/Elles vont

To say that you are *going to do* something, use **aller** + infinitive, e.g. **Allez-vous manger ce midi? Oui, je vais manger au restaurant.**

A   Fill the gaps with the appropriate form of the verb **aller**.

  a Nous _____ faire du shopping cet après-midi.

  b Je _____ aller au musée.

  c Elles _____ aller au marché à pied.

  d Ils _____ tous les jours acheter le journal au tabac.

  e Est-ce que tu _____ essayer la robe?

  f On _____ prendre un taxi.

  g Pour _____ en ville, vous _____ prendre le bus numéro six.

  h Ils _____ boire un café au bar.

B   Translate the following dialogue into French:

  a Are you going to the theatre tonight?

  b Yes, I am going with some friends.

  c Can I go with you?

  d Yes, but we are going to leave in five minutes.

6 To avoid repeating a noun already used, use personal pronouns such as **le**, **la**, **l'**, **les**. The pronouns go in <u>front of the verb</u>, whereas in English we put them after it.

EXAMPLES **Vous prenez cette robe? Oui, je *la* prends.**
Vous avez l'heure? Non, je ne *l'*ai pas.
Tu vas lire ce journal? Oui, je vais *le* lire.

Answer the following questions:

  a Vous avez mon numéro de téléphone? Oui, nous _____ .

  b Vous aimez ce parfum? Non, je _____ .

  c Elle a les billets d'avion? Oui, elle _____ .

  d Est-ce qu'elle prend le bus tous les jours? Non, elle _____ .

  e Vous aimez la choucroute, n'est-ce pas? Oui, je _____ .

  f Vous préférez la montagne à la mer, n'est-ce pas? Oui, nous _____ .

  g Vous voulez essayer cette jupe? Oui, je _____ .

  h Tu vas acheter ce pantalon? Oui, je _____ .

  i Nous allons acheter ces fleurs? Oui, nous _____ .

  j A quelle heure prends-tu le petit déjeuner? Je _____ .

7 Here are some useful expressions of time:

EXAMPLES **C'est ouvert *tous les lundis.* It's open *every Monday.***
Le musée est ouvert *de* neuf heures *à* douze heures. *The museum is open <u>from nine till twelve.</u>*
Fermé *le mardi.* *<u>Closed on Tuesdays.</u>*

Translate the following information into French. Make sentences for each piece of information.

  a swimming pool opening times every day except Sunday 9.00–5.00

  b museum open from 9.45 till 16.45 closed between 12.00 and 14.30

  c restaurant open every day 12.00–1.00 a.m.

  d library open every afternoon from 13.30 till 18.45

  e bank open every day except on Mondays from 8.30 till 5.00

  f shop open from 5 August to 12 September every weekday

9 *Dites-moi*

NEW WORDS

l'aquarelle (f)   *water-colour*
l'autoroute (f)   *motorway*
la baignade   *bathing*
la couture   *sewing*
la dent   *tooth*
donner à manger à   *to feed*

fatigué(e)   *tired*
en panne   *broken down*
perdu(e)   *lost*
la pêche   *fishing*
le tissage   *weaving*

1 To say you play a sport, use **Je joue au/à la . . .** + name of sport. But to say that you take part in a sport or in an activity, say **Je fais du/de la . . .** + name of activity. E.g. **Je joue au tennis**, **Je fais de la planche à voile** or **Je fais du tissage.**

Note that to play a musical instrument is **jouer du/de la . . .** + name of instrument.

A Complete the following sentences. There may be more than one correct answer.

a En été, nous _____ (windsurfing) et _____ (camping).

b Le dimanche, je _____ (football).

c En hiver, elle _____ (ski).

d S'il ne pleut pas, ils _____ (walking).

e En vacances, vous _____ (bowls).

f Est-ce que vous _____ (piano)?

g Elle _____ (water-colour).

h Je _____ (swimming).

i Tous les samedis, nous _____ (cycling) avec des amis.

j Je _____ (sewing).

B Match the activity (column A) with the verb (column B).

A	B
1 faire du camping	a cuisiner
2 faire de la marche	b nager
3 faire du ski	c voyager
4 faire de la natation	d danser
5 faire de la danse	e marcher
6 faire des voyages	f camper
7 faire la cuisine	g skier

2 Dos and don'ts. To say something is compulsory, say **Il faut . . ./Vous devez . . . .**
Il est défendu de . . ./Il est interdit de . . . mean something is forbidden.

EXAMPLES   *Il faut* **rouler à gauche au Royaume-Uni.**
Il est défendu de **rouler à droite au Royaume-Uni.**

Make a sentence to go with each picture. Vary your answers as much as possible.

a camping interdit

b ne pas donner à manger aux animaux

c 130km/h maximum sur l'autoroute

d ne pas fumer dans les avions

e pêche interdite

f baignade interdite

g vélos interdits

h ne pas toucher aux fils électriques

i silence

3 *I must/I have to* or *I should/I ought to* is **Je dois** or **Je devrais**. **Il faut** can also be used in this way too.

EXAMPLES   *Je dois* **travailler tous les jours de la semaine.** *I have to work every day of the week.*
Il est minuit. *Il faut* **aller dormir.** *It's midnight. I must go to bed.*

Make questions using the prompts. There may be several possibilities:

EXAMPLE **Si ma voiture est en panne . . .** *(What to do?)*
- **Qu'est-ce que** *je dois (devrais)* **faire?**
- **Qu'est-ce qu'***il faut* **faire?**

a S'il est malade . . . *(Who to call)?*

b Si elle veut faire des crêpes . . . *(What to buy)?*

c Si nous sommes fatigués . . . *(What to do)?*

d Si elle a mal aux dents . . . *(What to take)?*

e Si je vais à Paris . . . *(What to see)?*

f Si vous ne pouvez pas dormir . . . *(What to do)?*

g S'il arrive en retard . . . *(Where to go)?*

h Si nous ne parlons pas français . . . *(What to do)?*

i Si elles veulent aller au cinéma . . . *(What to see)?*

j Si je suis perdu . . . *(Where to ask my way)?*

---

4 If you have to go to the doctor, it is always useful to know how to say which part of the body hurts, e.g. *I have a headache* **J'ai mal à la tête.**

Pierre aches all over. Write down where it hurts. If you need some help, check the parts of the body in *A vous la France!* course book (page 187).

5 To say something is the largest or the most expensive, use **le** or **la plus . . . (de)** with an adjective or with a noun. Note that the best and the worst are **le meilleur** and **le plus mauvais/le pire**. E.g. **La *plus grande* ville *de* France est Paris** *The largest town in France is Paris* and **C'est *le meilleur* vin *de* la région** *This is the best wine in the area.*

Make up questions following the example below:

EXAMPLE **hôtel (+) cher**
Quel est l'hôtel le plus cher?

a   restaurant de la région (+) bon

b   train (+) rapide

c   ville (+) belle

d   journal (+) intéressant

e   pays du monde (+) grand

6 Use **le moins . . . (de)** with an adjective or with a noun when you want to get across the idea *the least*, e.g. **le vin *le moins cher*** *the least expensive wine.*

Make up questions using **moins** for the following, as in exercise 5:

a   monument (−) beau

b   menu (−) cher

c   voiture (−) économique

d   auberge (−) confortable

e   fruits (−) chers

10 *Faisons le point* 2
(Revision chapter)

NEW WORDS

le bruit *noise*   **la jupe** *skirt*

le bureau *office*   **partir en week-end** *to go away for the weekend*

célibataire *single*   **quinze jours** *fortnight*

la chemise *shirt*   **vendre** *to sell*

court (e) *short*

---

1   Answer the following questions using **le**, **la**, **l'** or **les** or **en**, using the prompt given at the end of each question:

EXAMPLE   **Vous voulez du vin?** (*Yes, a little.*)
               Oui, j'en veux un peu.

a   Vous prenez le train de dix-neuf heures cinq? (*Yes.*)

b   Elle achète *Le Monde* tous les jours? (*No, not every day.*)

c   Vous buvez de la bière? (*No.*)

d   Il aime beaucoup le thé au lait? (*No, not a lot.*)

e   Il joue de la guitare? (*Yes, a bit.*)

f   Tu aimes ce film? (*Yes, a lot.*)

g   Vous voulez des tomates? (*Yes, two kilos.*)

h   Elle a une voiture? (*No, two.*)

i   Il vend cette maison? (*Yes.*)

j   Il fait du basket-ball? (*Yes, every week.*)

2A   Write down the times shown on the clocks:

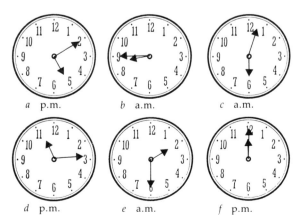

a   p.m.   *b*   a.m.   *c*   a.m.

d   p.m.   *e*   a.m.   *f*   p.m.

B   Mr Dupont has a very busy social life. Can you write down what he does at what time and on which day?

EXAMPLE **Le lundi il va manger au restaurant à vingt heures.**

Monday	20.00	restaurant
	21.00	theatre (every week)
Tuesday	19.30	dinner with some friends at home
	21.00	bridge
Wednesday	18.00	squash with Paul
	20.00	restaurant
Thursday		watches TV all evening
Friday	19.00	tennis (occasionally)
	20.30	cinema (every Friday)
Saturday		goes away for the weekend

3A   Change the verbs in brackets:

a Vous (travailler) à Nancy?

b Je (faire) du cheval.

c Elle (prendre) l'apéritif.

d Nous (acheter) des fruits au marché.

e Ils (habiter) un appartement.

f Tu (aller) bien aujourd'hui?

g On (être) le premier janvier.

h Nous ne (boire) pas d'alcool.

i Nous (faire) de la natation.

j Je (être) célibataire.

B   Match the subject with the verb:

Pierre et Marie nous je vous

a _____ êtes à Strasbourg.

b _____ parlons français.

c _____ ai un appartement.

d _____ boivent un kir.

e _____ vont faire du ski.

f _____ habitent à Cannes.

g _____ avez vingt ans.

h _____ n'ont pas de voiture.

i _____ n'ai plus d'argent.

j _____ faites beaucoup de sport.

4   This exercise is a revision of exercises 2 and 3 of chapter 8. Go through them first if you are not quite sure of yourself.

A   Put the words in brackets into French:

a   Tu aimes bien (*these*) pull-overs?

b   Oui, mais entre (*this one*) et (*that one*), je préfère (*this one*).

c   (*The blue one*) est joli, n'est-ce pas?

d   Oui, mais je préfère (*the green one*). Je le veux (*size . . .*).

e   Regarde (*this*) jupe. Tu l'aimes?

f   Je n'aime pas (*this*) sorte de jupe. Je déteste les vêtements (*made of leather*). Je préfère les jupes (*made of wool*).

g   Tu aimes (*the pink one*)?

h   (*This one?*)

i   Non, (*that one*).

j   Mais non, elle est (*made of cotton*).

B   Translate the answers to the questions into French:

a   Pour qui sont ces chemises?

   The small one is for David and that one is for Tom.

b   A qui sont ces maisons?

   This one is John's and the big one is Paul's.

c   De qui sont ces tableaux?

   These are by Constable and those are by Monet.

d   A qui sont les vélos?

   This one is Tony's and that one is Andrea's.

e   En quoi sont ces bateaux?

   This one is made of wood and the black one is plastic.

5   Likes and dislikes. Using the key below, write down what Jacques and Sylvie like to eat.

Aimer	beaucoup (++)
	un peu (+)
	pas beaucoup (−)
	pas du tout (−−)
Adorer	(+++)
Détester	(−−−)

	Sylvie	**Jacques**
Poulet	(++)	(+)
Poisson	(+)	(−−)
Frites	(+++)	(++)
Tomates	(−−)	(−)
Glace	(−−−)	(+++)

6   Write a note to your immediate superior listing various complaints about your working conditions (2 marks per correct answer).

   a Holidays: not enough days

   b Weekends: too short

   c Work: too much

   d Office: not big enough

   e Noise: too much

7A   Make comparisons using the prompts in brackets:

   a Ajaccio joli Lyon (*more…than*)

   b Dijon petit Paris (*more…than*)

   c le cognac bon l'armagnac (*more…than*)

   d le français difficile l'anglais (*less…than*)

   e cette maison-ci petite cette maison-là (*as…as*)

B   Make sentences using the prompts in brackets:

   a Paris est grande ville de France (*the most*)

   b ce fromage est bon de tous les fromages (*the most*)

   c c'est voiture économique (*the least*)

   d le TGV est train rapide (*the most*)

   e c'est vin cher (*the least*)

11 *Possibilités*

NEW WORDS

aider *to help*	**la traversée** *crossing*
ceci *this*	**quelque chose** (f) *something*
emmener *to take*	

---

1 In chapter 8, we have already seen the use of **le, la, l', les** to replace nouns. Here are more personal pronouns: direct object pronouns.

EXAMPLES **Il *m*'appelle Fred.** *He calls me Fred.*
Je *vous/te* suis. *I follow you.*
Il *nous* suit. *He follows us.*
Vous pouvez *m*'appeler Suzanne. *You can call me Suzanne.*

Remember that in French the pronoun goes <u>before</u> the verb.

Complete the following sentences using the correct personal pronoun:

a Est-ce qu'il peut vous emmener en voiture? Oui, il peut _____ (*me*).

b Est-ce qu'il vous écoute? Oui, il _____ (*us*).

c Tu peux m'aider? Oui, je peux _____ (*you*).

d Il vous téléphone? Oui, il _____ (*me*).

e Vous pouvez me servir à boire? Oui, nous pouvons _____ (*you*).

f Est-ce qu'il vous voit souvent? Oui, il _____ (*us*).

g Vous m'observez depuis longtemps? Oui, je _____ (*you*).

2A **Me, te, nous** and **vous** can also be indirect object pronouns, meaning *to* or *for me, to* or *for you, to* or *for us.*

EXAMPLES **Il *vous* achète cette voiture.** *He's buying a car **for you**.*
Elle *te* donne l'adresse. *She's giving **you** the address, she's giving the address **to you**.*

Find the missing personal pronouns:

a Je vais _____ montrer la chambre, Madame.

b Ça _____ va? (*you*)

c Il _____ prépare la note. (*for us*)

d Je vais _____ acheter une voiture, chérie.

e Je _____ change la courroie, Monsieur?

Note that you may find two personal pronouns as objects next to each other, e.g. **Vous m'achetez ce livre? Oui, je *vous* l'achète.**

B Find the missing personal pronouns:

a Tu me donnes ton vélo? Oui, je ____ le donne.

b Vous me demandez l'adresse? Oui, je ____ la demande.

c Tu me passes le pain, s'il te plaît? Oui, je ____ le passe.

d Ils vont vous acheter cette BMW? Oui, ils vont ____ l'acheter.

e Vous nous donnez les bonbons? Oui, nous ____ les donnons.

C The remaining indirect object pronouns are **lui** (*to* or *for him* or *her*) and
leur (*to* or *for them*).

EXAMPLES **Il *lui* achète un château.**
Je *leur* dois dix francs.

Fill in the gaps with **lui** or **leur**:

a Elle ____ donne un paquet. (*to him*)

b Pouvez-vous ____ acheter un repas? (*for her*)

c Je vais ____ faire des sandwichs. (*for them*)

d Nous voudrions ____ donner une facture. (*to them*)

e C'est la chemise de Pierre. Je vais la ____ donner (*to him*).

3 To describe how long it takes to do something, use **J'en ai pour deux heures à faire ce
travail** or **Il me faut deux heures pour faire ce travail** or **Je mets deux heures pour faire
ce travail.**

Write down questions and answers based on the information given. Give several
possible questions and answers each time:

EXAMPLE **Angers–Paris 90 minutes TGV (vous)**
Question **Il vous faut combien de temps pour aller de Angers à Paris
en TGV?**
Réponse **Il me faut quatre-vingt-dix minutes.**

a Paris–Londres 35 minutes par avion (tu)

b Paris–Nice 6 heures en voiture (nous)

c St-Malo–Rennes 4 heures à vélo (tu)

d faire la grande traversée des Alpes 6 semaines à pied (nous)

e faire un marathon à peu près 4 heures (vous)

4 **Pouvoir** and **vouloir** are two very useful verbs to know. They are both irregular.

Pouvoir *to be able (to)*	**Vouloir** *to want (to)*
Je peux	Je veux
Tu peux	Tu veux
Il/Elle peut	Il/Elle veut
Nous pouvons	Nous voulons
Vous pouvez	Vous voulez
Ils/Elles peuvent	Ils/Elles veulent

Puis-je . . . ? which means *May I . . . ?* is a polite way of asking for something.

A Give the correct form of the verbs in brackets:

a Est-ce que je (pouvoir) téléphoner?

b Est-ce que vous (vouloir) jouer au tennis?

c Est-ce qu'ils (pouvoir) fumer?

d Nous (pouvoir) avoir deux pressions?

e (Pouvoir)-je avoir de l'eau, s'il vous plaît?

B   How would you say the following?

a May she telephone, please? Yes, she may telephone, of course.

b Can we go to the cinema with my friends? No, you cannot.

c How many kilos of apples would you like? I'd like two.

d May I help you? Yes, you may.

e Can you do this for me, please?

5 *Could you . . . ?, would you like . . . ?, I could . . . , I would like . . . ,* etc. are very useful expressions to know when asking for something (when ordering a drink, for example). See page 222 in *A vous la France!* course book.

EXAMPLES *Could you . . . ?* **Est-ce que vous pourriez . . . ?**
I could . . . : **Je pourrais . . .**
Would you like . . . ? **Est-ce que vous aimeriez . . . ?/Est-ce que vous voulez . . . ?**
I would like . . . ? **J'aimerais . . ./Je voudrais . . ./Je veux . . .**

Translate the following sentences into French:

a Would you like a drink?

b Could you buy this for me, please?

c I would like to go to Biarritz.

d Could you please help me?

e Would you do this for me?

6   Here is a chance to practise asking for something with question words such as *where* (**où**), *when* (**quand**), *how* (**comment**), *why* (**pourquoi**), *which/what* (**quel/s, quelle/s**), *what* (**qu'est-ce que**), *how many/much* (**combien de**). See pages 223–24 of *A vous la France!* course book to remind yourself where the question words go.

How would you ask the following questions?

a At what time is the TGV?

b When are you on holiday?

c How are you travelling?

d Where do you work?

e How many children do you have?

f How much money have you got?

g Why do you like France?

h Which is your house?

i What time is it?

j What is it?

12 *Tout sur vous* 1

NEW WORDS
dormir   *to sleep*
la hauteur   *height*
l'immeuble (m)   *block of flats*
goûter   *to taste*

---

1   The past participle is formed as follows:

- with verbs like **parl**er and **achet**er, the past participle is **parlé**, **acheté**.
- with verbs like **fin**ir and **part**ir, the past participle is **fini**, **parti**.
- with verbs like **vend**re and **perd**re, the past participle is **vendu**, **perdu**.

But there are many exceptions to the rule.

> Find the past participle of the following verbs to assess what you already know and to learn some new past participles. See pages 240 and 241 in *A vous la France!* course book if you're lost.

manger	boire	lire
avoir	faire	mettre
jouer	prendre	attendre
sortir	pouvoir	servir
être	aller	ouvrir
regarder	venir	

---

2   The perfect tense is formed with **avoir** or **être** followed by the past participle. Some verbs take **avoir**, others **être**.

Let's look at the past participle with **avoir**:

EXAMPLES   *J'ai mangé* **au restaurant hier soir.**
Elle a regardé **la télévision hier soir.**
Vous avez lu **le journal ce matin.**

> Rewrite the following text using the perfect tense:

> Nous prenons l'avion pour aller en Grèce. Nous passons quinze jours. Il fait beau et chaud. Le soleil brille tous les jours. Un jour il y a de la pluie. Nous visitons beaucoup de monuments et nous prenons beaucoup de photos. Je goûte toutes les spécialités du pays. Je veux tout essayer et j'aime tout.

3 One word, **depuis**, is used to translate *for* or *since* when talking about how long we have been doing something. Whereas in English we use the past tense with these expressions, in French you use the present tense.

EXAMPLES *Depuis* **combien de temps** *habitez-vous* **à Bordeaux?**
How long **have you been living** *in Bordeaux?*
J'habite **à Bordeaux** *depuis* **cinq ans.**
I have been living *in Bordeaux* **for** *five years.*
Je suis **à Londres** *depuis* **le 4 septembre.**
I have been *in London* **since** 4 September.

A   Answer the following questions using the prompt given:

   a How long ago have you been living in France? (five years)

   b How long has he been sleeping? (three hours)

   c How long have you been working in Toulouse? (three weeks)

   d How long have you been here? (since 2 p.m.)

   e How long have you been in this country? (five days)

B   Work out questions to go with the answers given below:

   a Je travaille ici depuis mardi dernier.

   b J'habite à Glasgow depuis octobre.

   c Je fume depuis des années.

   d Je passe toutes mes vacances en France depuis 1965.

   e Je ne mange pas de choucroute depuis deux ans.

---

4 Talking about the weather is a useful way to start a conversation. With **il fait** followed by **beau**, **mauvais**, **froid**, **chaud**, **25°C**, etc., you can already go a long way. Other phrases such as **il neige** *it is snowing*, **il pleut** *it is raining* or **il y a des nuages** *there are clouds* will make a real weather expert of you!

Write down a brief description of the weather today in different parts of France.

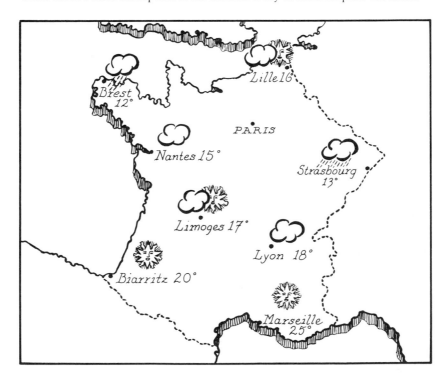

5 Here are some useful phrases for expressing measurements and distances:

Combien mesure Olivier?
Olivier mesure 1,75 m.
Combien est-ce qu'il y a de kilomètres entre Paris et Bruxelles?
Il y a 330 kilomètres.
Combien fait la chambre?
La chambre fait 4,50 m de long.

A   Using the map below, fill in the gaps in the questions and answers about distances between places:

a Combien est-ce qu'il y a de kilomètres _____ Paris et Lyon?

  Il y a _____ kilomètres.

b Combien est-ce qu'il y a de kilomètres de Paris au _____?

  Il y a 208 _____ .

c Combien est-ce qu'il y a de kilomètres entre Bruxelles et Bonn?

  Il y a 215 _____ .

d _____ est-ce qu'il y a de kilomètres entre Paris et Brest?

  Il y a _____ kilomètres.

B   Invent questions and answers using the drawings below:

a   150 m

b   1,68 m

c   25 cm

d   4,50 m × 2,70 m

13   *Tout sur vous* 2

NEW WORDS
les lunettes (f)   *glasses*
Pâques *Easter*
la promenade (à pied) *walk*

1 We have seen that the perfect tense can be formed with the verb **avoir**. Now let's look at the perfect tense with the verb **être**. Verbs of movement generally require the verb **être** and there are others too.

Note that when you make a past tense with **être**, the past participle must agree with the subject of the verb, like an adjective, e.g. *Elle* **est all***ée* **à Lille hier** and *Ils* **sont rentr***és* **trop tard.**

Put the following text into the perfect tense:

L'année dernière, nous (aller) en vacances dans les Alpes. Nous (arriver) le 10 août et nous (rester) pendant quinze jours. Je (aller) faire des promenades dans la montagne. Je (monter) au sommet du Mont Blanc. Nous (rentrer) à Paris le 31 août. Nous (passer) à Chambéry sur le chemin du retour.

2 Reflexive verbs (such as **se promener, se marier, se baigner**) are described on page 260 of *A vous la France!* course book.

Give the right form of the reflexive verb in brackets:

EXAMPLES Je (se laver) dans la salle de bains.
Je *me lave* **dans la salle de bains.**
Elle (se réveiller) à huit heures.
Elle *se réveille* **à huit heures.**

a Le matin je (se lever) à sept heures.

b Le week-end, nous (se reposer) à la campagne.

c Elle (se coucher) à minuit.

d Ils (se promener) au bord de la mer.

e Nous (se baigner) à la piscine.

f Je (se coucher) tous les jours vers dix heures.

g Vous (se réveiller) à quelle heure le matin?

h Je (se marier) ce week-end.

i Vous (se couper) la main.

j Je (se préparer) un bon petit déjeuner.

3 The words for *my, your*, etc. agree in gender and number with the noun they precede, e.g. **ma maison, mon bateau, mes enfants** (see *A vous la France!* course book pages 258 and 260).

Note that before a noun starting with a vowel or an 'h' which is not pronounced, **ma, ta** and **sa** become **mon, ton** and **son**, e.g. **une amie: mon amie**.

Answer the questions following the example below:

EXAMPLE **C'est l'ami de Vincent? Oui, c'est *son* ami.**

a C'est la montre de Jacques?

b C'est ton amie?

c C'est votre voiture?

d C'est le jardin des Dupont?

e C'est ta famille?

f Ce sont vos enfants?

g Ce sont tes lunettes?

h C'est l'appartement de Monsieur Renard?

i Ces photos sont à Jacques?

j Ces livres sont à Monsieur et Madame Lenoir?

4   Read about how to say *to, in* or *at* + a place name on page 259 in *A vous la France!* course book.

EXAMPLES **J'habite *à* Nantes.**
Elle va *en Écosse* cet été.
Ils sont allés *aux Antilles*.
Vous habitez *en Bretagne*.
***Dans le Massif central*.**

Fill in the missing words:

a Elle habite _____ Pologne et ses parents _____ Portugal.

b _____ Pays de Galles, on parle le gallois.

c Je vais aller _____ États-Unis l'an prochain.

d Je passe mes vacances _____ Périgord cet été.

e Je vais skier _____ Méribel cet hiver.

f Je voudrais téléphoner _____ Italie, s'il vous plaît.

g C'est quelle route pour aller _____ St-Jean-de-Luz?

h Pour aller _____ Lyon, il faut changer de gare _____ Paris.

i _____ Brésil, il fait très chaud.

j A Pâques, nous sommes allés _____ Londres.

5 **Y** is usually used to replace a noun so as to avoid repetition. It is used with nouns preceded by the following prepositions: **en, à, au, à la, à l', aux, chez**, e.g. **Vous êtes allé *à Nantes*? Oui, j'*y* suis déjà allé** and **Vous travaillez *chez Thompson*? Oui, j'*y* travaille.**

Y is also found in various set phrases that you can find on page 261 in *A vous la France!* course book

A   Answer the following questions using **y**:

    a Vous avez habité en France? Oui, j'_____ .

    b Vous allez à Marseille? Oui, j'_____ .

    c Vous êtes arrivés en France en 1956? Oui, nous _____ .

    d Vous allez arriver à Paris à l'heure? Oui, je _____ .

    e Vous vous promenez souvent dans ce parc? Oui, je _____ .

En is also used to replace nouns, when they are preceded by the preposition **de**, e.g.

Vous venez *de Paris*? Oui, j'*en* viens.

B   Answer the following questions using either **y** or **en**:

    a Vous revenez de vacances? Oui, j'_____ .

    b Elle est allée au marché? Oui, _____ .

    c Il vient de Paris? Oui, _____ .

    d Elles viennent de Dijon? Oui, _____ .

    e Vous êtes née à Edimbourg? Oui, j'_____ .

6 There are two ways to say *only* in French: you can use either **ne . . . que** or **seulement**:

    EXAMPLES **Est-ce que vous parlez aussi italien?**
           ● **Non, je *ne* parle *que* français.**
           ● **Non, je parle français *seulement*.**

Give two answers for each question, using both **ne . . . que** and **seulement**. Use the prompts in brackets to formulate your answers:

    a Vous allez en France pendant tout l'été? (*in July only*)

    b Vous parlez plusieurs langues? (*French and German only*)

    c Vous aimez tous les vins? (*red wines only*)

    d Vous mesurez au moins 1,90m? (*1,80m only*)

    e Vous avez beaucoup d'enfants? (*only two*)

14   C'était comme ça

NEW WORDS
avoir l'habitude de   *to be in the habit of*
la grand-mère   *mother*
lentement   *slowly*
la mère   *mother*
la patronne   *the boss*
soudainement   *suddenly*
vers   *towards*

---

1   The imperfect tense is used to describe how things were, or how things used to be. To find out how to form the imperfect tense, see page 275 in *A vous la France!* course book.

EXAMPLES   *J'allais* **chez ma grand-mère en vacances quand** *j'étais* **petit.**
Nous avions **beaucoup d'amis quand** *nous habitions* **en France.**

Put the verbs in brackets in the imperfect tense:

a   Il (aller) tous les soirs au cinéma.

b   Vous (avoir) une maison à la campagne.

c   Il (pouvoir) travailler pendant des heures.

d   Nous (manger) souvent au restaurant.

e   Elles (acheter) des fruits au marché.

f   Je (s'appeler) Legrand avant de me marier.

g   Vous (prendre) le train pour aller au travail.

h   Elle (marcher) lentement quand elle (être) vieille.

i   Nous (boire) du champagne à Noël.

j   Je (passer) mes vacances en Dordogne.

---

2   The difference between the use of the imperfect and the perfect tense is often difficult to grasp. For a full explanation, see page 276 of *A vous la France!* course book.

Put the verbs in brackets in the correct tense:

a   J'(attendre) depuis une heure quand eile (arriver).

b   Il (être) trois heures du matin. Je (dormir) quand soudainement, j'(entendre) un grand bruit.

c   Quand j'(avoir) dix ans, j'(aller) en vacances à La Baule.

d   Nous (se préparer) à regarder la télévision quand elles (arriver).

e   Ma mère (avoir) l'habitude d'aller au marché tous les samedis quand nous (être) enfants et qu'il n'y (avoir) pas de supermarché.

3 To say that something has just happened, use the verb **venir de** + infinitive. You can add **juste** to **venir de** to give the idea of *only just*, e.g. **Je** *viens d'***arriver à l'aéroport** *I have just arrived at the airport* and **Nous** *venons juste de* **finir** **notre travail** *We have only just finished our work.*

Use the following prompts to make up sentences using **venir de**:

a   Jacques acheter les légumes

b   la patronne passer par là

c   les touristes arriver à Grenoble

d   elles sortir du restaurant

e   mon mari téléphoner

4 The personal pronouns **moi** (*me*), **toi** (*you*), **lui** (*him*), **elle** (*her*), **nous** (*us*), **vous** (*you*) and **eux/elles** (*them*), are needed after a preposition or an adverb:

EXAMPLES   **Il est venu avec** *moi/nous.*
  C'est pour *toi/vous.*
  Elle est derrière *lui/eux.*
  C'est en face d'*elle/elles.*

Find the missing personal pronouns using the prompts in brackets:

a   Il habite à côté de chez (*me*).

b   Derrière (*her*), il y a une autre personne.

c   Allez vers (*him*).

d   Vous pouvez passer par chez (*her*).

e   Ce livre n'est pas pour (*you*).

f   Il est placé en face de (*us*).

g   Viens à côté d' (*them*).

5 There are two ways of saying that something will happen in the future. For things that will happen shortly, use **aller** and the infinitive, e.g. **Je** *vais partir* **à la mer dans deux heures** or **Je** *vais acheter* **des fruits ce matin.**

For saying what will happen in the more distant future, use the future tense, e.g. **J'***achèterai* **une grande maison** or **J'***habiterai* **en France.**

To form the future tense, you take the infinitive and add the endings of the present tense of the verb **avoir**:

EXAMPLES   **aimer, finir, prendre**

		je finir*ai*	je prend*rai*
j'aimer*ai*			
tu	-*as*	-*as*	-*as*
il/elle	-*a*	-*a*	-*a*
nous	-*ons*	-*ons*	-*ons*
vous	-*ez*	-*ez*	-*ez*
ils/elles	-*ont*	-*ont*	-*ont*

There are some exceptions, like **aller (j'irai)**, **avoir (j'aurai)**, **être (je serai)**, **pouvoir (je pourrai)**, **vouloir (je voudrai)**, **voir (je verrai)**, etc.

Put the following text in the future tense:

Demain Jacqueline (aller) à Paris pour faire du shopping. Je (aller) avec elle et je (acheter) des vêtements. Nous (pouvoir) aussi visiter des musées. Et nous (voir) la Pyramide et l'Arche de la Défense. Nous (déjeuner) au restaurant et nous (prendre) le métro. Ce (être) bien. Le soir Jacqueline (repartir) au Mans et moi, je (rentrer) à Angers.

15 *Faisons le point* 3
(Revision chapter)

NEW WORDS
le ballon *ball*
la date de naissance *date of birth*
le fils *son*
mûr(e) *ripe*
parfois *sometimes*

---

1 Find the missing personal pronouns:

 a Vous me suivez? Oui, je _____ suis.

 b Vous pouvez me donner ce livre? Oui, je peux te _____ donner.

 c Ce livre est à Marc? Oui, il est à _____ .

 d Vous venez avec nous? Oui, je viens avec _____ .

 e Je vous achète ce gâteau? Oui, vous _____ l'achetez.

 f Où est l'Hôtel de Ville? Il est juste derrière _____ .

 g Ils ont pris le citron? Non, ils ne _____ ont pas pris.

 h Nous vous emmenons à la mer demain? Oui, vous _____ emmenez.

 i Vous connaissez Monsieur et Madame Lajoie? Non, je ne _____ connais pas.

 j Je vous fais visiter le château la semaine prochaine? Oui, vous me _____ faites visiter.

---

2 From the information below, can you ask ten questions about the identity of Madame Legrand?

> Nom: Legrand
>
> Prénom: Catherine
>
> Date de naissance: 15 septembre 1947
>
> Lieu de naissance: Rouen
>
> Mariée (1 juillet 1969) – deux enfants
>
> Travail: Secrétaire – depuis 1978
>
> Adresse: 15, rue du Petit Bois, 44310 St-Philbert-de-Grand-Lieu
>
> Numéro de téléphone: 40 75 36 20

3A Make up questions to go with the answers below:

 a Je travaille ici depuis 1982.

 b J'habite ici depuis deux ans.

 c Je suis arrivé il y a deux jours.

 d Je pars dans une semaine.

 e Je vais rester deux semaines.

B   Make sentences using the information given below and starting with **Je** . . . .

a   had lunch four hours ago

b   in Nantes since 1 January 1990

c   left Lyon six months ago

d   on holiday for two weeks

e   bought our house twenty-two years ago

4   Write out this paragraph in the perfect tense. Remember that some verbs take **avoir** and others **être**.

Quand je (arriver) chez Pierre, il me (présenter) son amie. Nous (prendre) l'apéritif et nous (déjeuner). Puis, nous (aller) nous promener. Nous (marcher) sur la plage. Je me (baigner) et nous (jouer) au ballon. Vers cinq heures, nous (rentrer) à la maison. Et le soir je (retourner) chez moi.

5   Write out this paragraph in the imperfect tense:

Quand je (avoir) dix ans, je (aller) tous les étés à La Baule. Mes parents y (avoir) un appartement. Tous les jours, nous (aller) à la plage. Nous (passer) des heures à jouer dans le sable. Il (faire) toujours beaucoup de soleil. Parfois, mon père nous (emmener) nous promener en voiture sur la côte. Quand ce (être) la fin des vacances, je (être) toujours triste de quitter La Baule car je ne (aimer) pas rentrer à Paris.

6   You are at the station making enquiries. The answers to your questions are given below. Make up the questions and then the full answers (1 mark for each sentence):

a   Paris–Bruxelles three hours

b   Nice train leaves in ten minutes' time

c   Toulouse train next train at 9.05

d   Tours train platform three

e   Bordeaux–Paris five hours

7   Fill in the gaps in this dialogue using the right form of **vouloir** or **pouvoir**:

a   Qu'est-ce que vous _____ , Madame?

b   Je _____ des tomates.

c   Oui, vous en _____ combien?

d   J'en _____ un kilo.

e   Vous _____ des petites ou des grosses?

f   Vous _____ me donner des petites, s'il vous plaît?

g   Oui, voilà. Vous _____ autre chose?

h   Oui, je _____ un ananas. C'est pour ma fille.

i   Elle _____ un ananas bien mûr?

j   Oui, vous _____ me donner celui-ci.

8   Answer the following questions using **mon/ma**, **ton/ta**, etc . . . :

EXAMPLE **Ce pantalon est** *à Aurélie*? **Oui, c'est** *son* **pantalon.**

a C'est la femme de René?

b C'est votre hôtel?

c Ce sont les chaussures des enfants?

d Cet argent est à eux?

e C'est votre amie?

f Ce sont les chemises de Jacques?

g C'est ta voiture?

h C'est le vélo de Monsieur et Madame Thompson?

i C'est votre fils?

j Ce chien est à elle?

Answers to exercises

Chapter 1

1A (m = masculine; f = feminine)
le jus de fruit la poire le pain la baguette
l'abricot (m) la bouteille l'ami (m)
la ville le cinéma l'orange pressée (f)
le croissant l'église (f)

B une bière une voisine une boulangerie
un ananas un panaché un chocolat
une route une baguette un café
une église un musée une poire

2A *a* des   *b* les, les   *c* des, des   *d* les, des
e des   *f* les

B *a* des pêches des poires   *b* des baguettes
des croissants   *c* des cafés crème
des chocolats des express
d des restaurants   *e* des tickets
des plans des catalogues

C Voici **un/le** plan de **la** ville. Ici, vous avez
une/l'église. C'est l'église Saint-Jacques. Et
voilà **la** place Saint-André, **l'**Hôtel de France,
et le restaurant 'Chez Jean'.
Je voudrais **un** café, **une** bière et **un**
sandwich. Est-ce que vous avez **des**
croissants?

3A voitures enfants cheveux loups genoux
eaux bancs tableaux soirs pianos
appartements chapeaux

B genou poire panaché eau loup musée

4A *a* Vous avez une liste des hôtels?/Est-ce que
vous avez une liste des hôtels?/Avez-vous
une liste des hôtels?
b Vous désirez deux croissants?/Est-ce que
vous désirez deux croissants?/Désirez-
vous deux croissants?
c Tu prends un panaché?/Est-ce que tu
prends un panaché?/Prends-tu un
panaché?
d Vous avez une brochure?/Est-ce que vous
avez une brochure?/Avez-vous une
brochure?
e Vous désirez quatre baguettes?/Est-ce que
vous désirez quatre baguettes?/Désirez-
vous quatre baguettes?
f C'est gratuit?/Est-ce que c'est gratuit?/Est-
ce gratuit?

5A *a* Voici une poire.   *b* Voilà la carte.
c Voici les croissants.   *d* Voilà les abricots.
e Voici la boulangerie.

B *a* Le voici.   *b* Les voilà.   *c* Le voilà.   *d* Les
voici.   *e* Le voilà.

Chapter 2

1A *e b f c a d*

B *a* Vous allez tout droit, vous prenez la
deuxième rue à droite et puis la première
rue à gauche et c'est au bout de la rue.
b Vous prenez la première rue à droite.
Vous allez tout droit. Le supermarché se
trouve après la deuxième rue sur la droite.
c Vous allez tout droit. Vous prenez la
deuxième rue à gauche. L'Hôtel de Police
est sur votre gauche.
d Vous allez tout droit et vous prenez la
deuxième rue à droite. Puis la deuxième
rue à droite et c'est sur votre gauche.

C Où est la banque, s'il vous plaît?/Où est le
cinéma, s'il vous plaît?/Où est le musée, s'il
vous plaît?

2 *a* Je ne suis pas française.
b Je ne suis pas anglais.
c Je ne suis pas de Grenoble.
d Il n'est pas du Havre.
e Le café n'est pas à droite.
f Vous n'êtes pas d'ici.
g Il n'est pas de Bourg.
h Je ne suis pas en vacances.
i La gare n'est pas près de la pharmacie.
j Il n'est pas écossais.

3 *a* La musique n'est jamais belle à Grenoble.
b Il n'est jamais ici.
c Le musée n'est plus à côté de la gare.
d La brochure n'est plus gratuite.
e La bière n'est plus bonne.

4 *a* Il n'y a jamais de croissants à la
boulangerie Saint-Pierre.
b Vous ne désirez pas de baguettes?
c Il n'y a plus de restaurant à côté de l'église.
d Il n'y a pas de buffet dans la gare.
e Vous ne voyez jamais d'Écossais en
vacances à Grenoble.
f Vous ne désirez pas de brochures?

Chapter 3

1A deux litres de vin blanc deux livres de beurre un sac de pommes de terre un kilo de pommes une douzaine d'huîtres un paquet de biscuits une boîte de tomates

B *a* un paquet de café *b* deux bouteilles de vin rouge *c* une douzaine d'œufs *d* un morceau de fromage *e* une boîte de bière

2 *a* le train de Paris *b* un enfant de deux ans *c* le fromage de chèvre *d* le garçon de café *e* un garçon de dix ans *f* une pièce de cinq francs *g* un canard de Barbarie

3 *a* de la *b* de la *c* du *d* des *e* du *f* de la

4 *a* l'appartement du mari *b* la veste du fils *c* le sac de la femme *d* le lait de l'enfant *e* la maison de la sœur

5 *a* des *b* du *c* des, du *d* de l' *e* du *f* du *g* de l' *h* de la *i* des *j* du

6A *a* Oui, j'en ai. *b* Oui, j'en prends six. *c* Oui, j'en ai. *d* Non, je n'en ai pas. *e* Non, je n'en prends pas.

B *a* J'en ai deux kilos. *b* Oui, j'en ai cinq. *c* J'en prends six. *d* Oui, j'en ai trois. *e* Non, je n'en ai pas.

7 *a* Bonjour, Madame Blanc.
  b Bonjour, Monsieur Lenoir.
  c Que désirez-vous?/Vous désirez?/Qu'est-ce que vous désirez?
  d Vous avez des pommes?/Est-ce que vous avez des pommes?/Avez-vous des pommes?
  e Bien sûr. Combien en voulez-vous?
  f Donnez m'en une livre, s'il vous plaît.
  g Voici.
  h Merci beaucoup. C'est combien, s'il vous plaît?/Je vous dois combien?
  i Quatre francs cinquante.
  j Voilà. Vous avez un sac, s'il vous plaît?
  k Oui, voilà.
  l Merci./Je vous remercie.
  m Je vous en prie. Au revoir, Madame Blanc.
  n Au revoir, Monsieur Lenoir.

8A 6 7 9 15 12 25 51 63 36 14 42 28

B *a* quarante-six amis
  b dix-sept choux
  c soixante maisons
  d cinquante-six chapeaux
  e douze francs cinquante
  f trente et une huîtres
  g quarante-neuf vestes

9A 6th 12th 14th 25th 51st 100th

B *a* Prenez la première rue sur votre droite.
  b La pharmacie est la deuxième à gauche.
  c C'est la quatrième maison après l'épicerie.
  d C'est la douzième rue après le cinéma.
  e C'est la troisième maison après le café.
  f Prenez la sixième rue sur votre gauche.

Chapter 4

1 *a* une chambre d'hôtel à deux cents francs la nuit *b* dix-sept timbres à deux francs *c* une carte postale à six francs *d* une glace à dix francs *e* le pâté à sept francs le kilo

2 *a* au *b* au *c* aux *d* à l' *e* à la *f* aux *g* à la *h* au *i* au *j* à l'

3 *a* Aux *b* A l' *c* Au *d* A la *e* A la *f* à la *g* au *h* au *i* à l' *j* à l'

4 cet ananas ce timbre ces pommes ces allumettes ce marché cette douche ce Noël cette saucisse ces bouteilles cette région

5 *a* verte *b* épaisse *c* rouge et bleue *d* belle *e* espagnole *f* italienne *g* bonne *h* blanche *i* chaude *j* privée

6A *a* grandes *b* blancs *c* italiens *d* gratuites *e* neuves *f* joyeux *g* petites *h* beaux *i* fraîches *j* vieux

B un petit village des maisons vertes, rouges et blanches un petit hôtel la grande place La belle maison l'

7 *a* un petit restaurant *b* un hôtel confortable *c* un vieux film *d* une ville allemande *e* un sandwich délicieux *f* un bon vin

Chapter 5

1 *a* C'est combien?
  b D'où venez-vous?/Vous venez d'où?
  c Où est la poste?
  d Qu'est-ce que vous avez comme sandwichs?
  e Vous êtes de Paris?
  f Que voulez-vous?
  g Quel est votre métier?
  h Vous êtes écossais?
  i Un kilo de petites ou de grosses?
  j C'est loin d'ici?

2A *a* Non, Pierrick n'est pas à l'hôtel.
  b Non, elle n'est pas infirmière.
  c Non, le cinéma n'est pas en face de la poste.
  d Non, il n'y a pas de buffet dans la gare.
  e Non, les bières ne sont pas bonnes.

B *a* Non, je ne suis pas de Marseille.
  b Non, je n'ai pas/plus/jamais/d'eau minérale.
  c Non, je ne parle pas l'italien.
  d Non, je ne suis pas/plus à l'école.
  e Non, les tickets ne sont pas/plus gratuits.
  f Non, la poste n'est pas/plus à côté du grand magasin.
  g Non, je ne prends pas/jamais de petit déjeuner le matin.

h Non, il n'y a plus/pas de tartes à la crème.
i Non, il n'est pas vieux.
j Non, je ne suis pas en vacances.

3A a Les voici. b Oui, le voilà. c La voilà.
d Le voici. e Oui, le voilà.
 B a Voici les deux frères. b Voilà Nice sur la
carte. c Voici le plan. d Voici deux kilos
de pommes. e Voilà, une livre de
champignons et six oranges.

4 a soixante et onze b cent cinquante
c douze d trente e quatre-vingt-dix
f trois cent cinquante

5 a C'est à gauche puis tout droit.
b Je voudrais deux cafés et une bière, s'il
vous plaît, Monsieur.
c Je vous en prie, Monsieur.
d Je peux avoir l'addition?
e Je vous remercie beaucoup, Monsieur.
f Voici les deux cafés et voilà la bière.
g Au revoir, Messieurs Dames, bon séjour à
La Baule.
h Bonjour, Messieurs Dames, vous désirez?
i Où est la poste, s'il vous plaît?
j Au revoir, Monsieur.
h b f d c i a e g j

6 a les petites maisons b des églises
allemandes c les vieilles rues d les bons
restaurants e une grande société

7 a Non, je n'en prends jamais.
b Oui, j'en ai trois.
c Non, je n'en ai pas.
d Non, il n'en a plus.
e Non, je n'en prends jamais.
f Non, je n'en fais plus.
g Oui, j'en ai beaucoup.
h Non, je n'en mange jamais.
i Oui, j'en ai deux.
j Non, j'en ai quatre.

8 a à la b à c à, à d à l' e aux, au

Chapter 6

1A a Il est trois heures (de l'après-midi)/Il est
quinze heures.
b Il est neuf heures dix (du matin).
c Il est minuit.
d Il est six heures (du matin).
e Il est dix heures moins cinq (du soir)/Il
est neuf/vingt et une heures cinquante-
cinq.
f Il est midi moins vingt-cinq/Il est onze
heures trente-cinq (du matin).
g Il est sept heures et demie (du soir)/Il est
sept/dix-neuf heures trente.

h Il est une heure vingt-cinq (de l'après-
midi)/Il est treize heures vingt-cinq.
i Il est six heures et demie (du matin).
j Il est deux heures (de l'après-midi)/Il est
quatorze heures.
 B a Je prends ma/une douche à sept heures
quarante/huit heures moins vingt.
b Je prends le métro à huit heures quinze/
huit heures et quart.
c Je commence le travail à huit heures
trente/huit heures et demie.
d Je prends mon déjeuner à douze heures/
midi.
e Je termine à dix-huit heures trente/six
heures et demie.
f Je vais dîner au restaurant à vingt
heures/huit heures.
g Je vais au cinéma à vingt-et-une heures/
neuf heures.
h Je rentre à vingt-trois heures trente/onze
heures et demie.

2A a Est-ce qu'il y a un train pour Les Rosiers-
sur-Loire qui arrive avant une heure?
Le premier train arrive à douze heures
trente-neuf.
A quelle heure il part?
Il part à douze heures quinze.
b A quelle heure est-ce qu'il y a des trains
pour Saumur le vendredi soir?
Le train de dix-huit heures vingt-neuf
arrive à dix-neuf heures trois et le train
de dix-neuf heures trente-sept arrive à
dix-neuf heures cinquante-huit.
c Il y a des trains pour La Ménitré le lundi
après-midi?
Oui, il y en a deux.
Je dois être à La Ménitré à trois heures.
A quelle heure est-ce qu'il y a un train
qui arrive avant trois heures?
Le train de deux heures trente arrive à La
Ménitré à deux heures quarante-trois.
 B a A quelle heure part le bus/l'autobus pour
aller à La Baule?
A huit heures et demie du matin.
b A quelle heure arrive le train de Paris?
Il arrive à deux heures de l'après-midi.
c Est-ce qu'il y a un car pour Lyon?
Chaque soir/Tous les soirs à dix heures
quarante-cinq/onze heures moins le
quart.
d Est-ce que l'avion de Nice part à seize
heures/quatre heures de l'après-midi?
Non, il part à onze heures cinquante-cinq
du matin.
e A quelle heure partez-vous pour
Londres?
A neuf heures vingt du matin.

3A *a* Je voudrais un aller simple en première (classe) pour Toulouse, s'il vous plaît.
b A quelle heure est le prochain train pour Lyon?
c Le dernier bus est juste avant minuit.
d De quel quai part le train?
e Le prochain train part dans dix minutes.

B *a* Le TGV (train à grande vitesse) circule tous les dimanches sauf en juillet.
b Le train circule tous les jours sauf le lundi.
c Le train de neuf heures quarante-cinq circule tous les jours sauf le samedi et le dimanche.
d Ne circule pas en décembre, sauf le mercredi.
e Le train circule tous les jours en janvier sauf les lundi et vendredi.

4A *a* Vous allez à Nantes.
b Vous fumez la pipe ou la cigarette?
c Nous allons à Angers demain.
d Je mange au restaurant tous les jours.
e Elles travaillent à Nantes.
f Nous regardons la télévision tous les soirs.
g Il boit du whisky à midi.
h Elle part au travail à sept heures du matin.
i J'achète des timbres au tabac.
j Ils offrent des chocolats pour Noël.

5 *a* J'ai un billet d'avion.
b Il a une place dans le train.
c Tu vas en avion aux États-Unis?
d Je fais mes courses au supermarché.
e Vous êtes écossais?
f Vous avez un horaire des trains?
g Je vais à Bordeaux en TGV.
h Nous sommes de Paris.
i Elles vont partir par le train de cinq heures huit.
j Vous faites ce trajet tous les jours?

6 probablement deuxièmement généralement rapidement cinquièmement certainement facilement honnêtement heureusement calmement sérieusement naturellement

Chapter 7

1A i *a* Vous êtes de Lyon?
b Vous êtes de quelle nationalité?
c Est-ce que vous travaillez à Lyon?/ Vous travaillez à Lyon?
d Quel est votre métier?
e Est-ce que vous parlez d'autres langues?

ii *a* Tu es de Lyon?

b Tu es de quelle nationalité?
c Est-ce que tu travailles à Lyon?/Tu travailles à Lyon?
d Quel est ton métier?
e Est-ce que tu parles d'autres langues?

B *a* Tu prends le TGV pour aller à Paris.
b Vous buvez de la bière.
c Comment allez-vous?
d Tu es de Paris.
e Tu as une assiette.
f Vous avez une maison à la montagne.
g Tu travailles à l'école.
h Où vas-tu?
i Vous commencez à quelle heure?
j Tu bois un apéritif?

2A *a* Je n'aime pas beaucoup la choucroute.
b Je préfère le fromage.
c Je préfère de beaucoup les crêpes.
d Je déteste les légumes.
e Je préfère la crème caramel à la salade.
f Je n'aime pas du tout la viande.
g J'aime beaucoup les croissants et le café noir au petit déjeuner.
h J'adore l'Écosse, mais je n'aime pas beaucoup la cuisine.
i Je préfère le thé au café.

B *a* Je n'aime pas beaucoup la confiture.
b J'aime un peu les spaghettis.
c J'aime beaucoup le cassoulet.
d J'adore les vacances.
e Je n'aime pas du tout le football.
f J'aime beaucoup aller au théâtre.
g Je déteste le fast-food.
h Je n'aime pas beaucoup les desserts.
i Je n'aime pas du tout la pizza.
j J'aime beaucoup le café noir.

3A *a* On arrive toujours à l'heure.
b On est à la gare Montparnasse.
c En Angleterre, d'habitude on mange le dessert avant le fromage.
d Où est-on?
e On part toujours en vacances en août.

B *a* On dîne au restaurant ce soir?
b Vous voulez un verre de champagne?
c Vous partez demain?
d Ici on parle gallois.
e En Angleterre, on roule à gauche.
f On achète ce fromage?/Nous achetons ce fromage?
g On adore le couscous./Nous adorons le couscous.
h Nous allons à l'église tous les dimanches./On va à l'église tous les dimanches.
i Qu'est-ce qu'on boit avec les crêpes?
j On boit du vin blanc avec le poisson.

4 *a* Oui, j'aime les fruits de mer./Non, je n'aime pas les fruits de mer.

b Non, je ne travaille pas le samedi./Oui, je travaille le samedi.

c Oui, le cidre va bien avec les crêpes.

d Oui, je préfère le champagne à la bière./ Non, je préfère la bière au champagne.

e Non, je n'aime pas la viande saignante./ Oui, j'aime la viande saignante.

f Oui, les enfants aiment le fast-food.

g Oui, le vin rouge est bon avec la viande rouge.

h Non, je préfère l'eau à la bière./Oui, je préfère la bière à l'eau.

5 a Sophie est plus intelligente que Patrice.

b Le TGV est plus rapide que la voiture.

c Yves est plus grand que Joël.

d L'essence est plus chère que le gazole.

e Le champagne est plus cher que la bière.

6 a Paris est moins grand que New York.

b Le pain est moins bon que les croissants.

c Votre appartement est moins grand que ma maison.

d Le vin est moins frais que l'eau.

e Le train est moins rapide que l'avion.

7 a Thomas est aussi jeune qu'Emmanuelle.

b Marseille est aussi agréable que Cannes.

c Je suis aussi calme que Marc.

d Il est aussi grand que Monsieur Leroux.

e Vous êtes aussi riche qu'elle.

Chapter 8

1 a Non, c'est un peu plus (d'un litre).

b Non, c'est trop grand.

c Oui, un peu.

d Non, elles sont trop petites.

e Oui, mais elle est beaucoup trop petite.

f Oui, mais il n'y a pas assez de chambres.

g Non, c'est trop.

h Un peu plus, s'il vous plaît.

i C'est un peu trop.

j Ce n'est pas assez.

2A a Ce briquet-ci est à Julien et ce briquet-là (est) à Olivier.

b Cette robe-ci est à Barbara et cette robe-là (est) à Mado.

c Ce tableau-ci est à Sophie et ce tableau-là (est) à Max.

d Cet appareil-photo-ci est à Thomas et cet appareil-photo-là (est) à Mathieu.

e Cette maison-ci est verte et cette maison-là (est) rouge.

B a C'est celle-ci à droite.

b J'aimerais celui-ci, s'il vous plaît.

c J'aimerais deux kilos de celles-ci.

d Celui-ci est trop petit et celui-là est trop grand.

e Je préfère ceux-là.

3 a Non, je préfère les jaunes.

b Non, le petit.

c Non, les petits.

d Non, elle préfère la verte.

e Non, la grande.

f Non, le grand.

g Oh non, je préfère les noires.

4 a Des assiettes en plastique.

b Ce cendrier est en verre.

c Un vase en terre cuite.

d Cette maison est en bois.

e Est-ce que ce sac est en cuir?

f Une montre en or.

5A a Nous allons faire du shopping cet après-midi.

b Je vais aller au musée.

c Elles vont aller au marché à pied.

d Ils vont tous les jours acheter le journal au tabac.

e Est-ce que tu vas essayer la robe?

f On va prendre un taxi.

g Pour aller en ville, vous allez prendre le bus numéro six.

h Ils vont boire un café au bar.

B a Est-ce que vous allez au théâtre ce soir?

b Oui, j'y vais avec des amis.

c Est-ce que je peux aller avec vous?

d Oui, mais nous allons partir dans cinq minutes/nous partons . . . .

6 a Oui, nous l'avons.

b Non, je ne l'aime pas.

c Oui, elle les a.

d Non, elle ne le prend pas tous les jours.

e Oui, je l'aime.

f Oui, nous la préférons.

g Oui, je veux l'essayer.

h Oui, je vais l'acheter.

i Oui, nous allons les acheter.

j Je le prends à huit heures.

7 a La piscine est ouverte tous les jours sauf le dimanche de neuf heures à dix-sept heures.

b Le musée est ouvert de neuf heures quarante-cinq à seize heures quarante-cinq; il est fermé entre douze heures (OR midi) et quatorze heures trente.

c Le restaurant est ouvert tous les jours de douze heures à 1 heure du matin.

d La bibliothèque est ouverte tous les après-midis de treize heures trente à dix-huit heures quarante-cinq.

e La banque est ouverte tous les jours sauf le lundi de huit heures trente à dix-sept heures.

f Le magasin est ouvert du 5 août au 12 septembre tous les jours de la semaine.

Chapter 9

1A *a* nous faisons de la planche à voile (*or* du windsurfing) et nous faisons du camping
b je joue au football
c elle fait du ski
d ils font de la marche (à pied)
e vous jouez aux boules
f vous jouez du piano?
g elle fait de l'aquarelle
h je fais de la natation
i nous faisons de la bicyclette/du vélo
j je fais de la couture
B 1/f 2/e 3/g 4/b 5/d 6/c 7/a

2 *a* Il est interdit/défendu de faire du camping.
b Il ne faut pas/Il est défendu de donner à manger aux animaux.
c Il ne faut pas rouler à plus de 130 km/h sur l'autoroute.
d Il est interdit/défendu de fumer dans les avions.
e Il est interdit/défendu de pêcher.
f Il est interdit/défendu de se baigner.
g Il est interdit/défendu de faire du vélo.
h Il ne faut pas toucher aux fils électriques.
i Il ne faut pas faire de bruit.

3 *a* Qui est-ce qu'il faut appeler?
b Qu'est-ce qu'elle doit acheter/il faut acheter?
c Qu'est-ce qu'il faut faire?
d Qu'est-ce qu'il faut prendre/elle doit prendre?
e Qu'est-ce que je dois voir?
f Qu'est-ce que vous devez faire?
g Où est-ce qu'il doit aller/il faut aller?
h Qu'est-ce que nous devons faire/il faut faire?
i Qu'est-ce qu'elles doivent voir/il faut voir?
j Où est-ce que je dois demander mon chemin?

4 *a* J'ai mal au bras.   *b* J'ai mal à la jambe.
c J'ai mal au cou.   *d* J'ai mal à l'oreille.
e J'ai mal à la main.   *f* J'ai mal au pied.

5 *a* Quel est le meilleur restaurant de la région?
b Quel est le train le plus rapide?
c Quelle est la plus belle ville (*or* la ville la plus belle)?
d Quel est le journal le plus intéressant?
e Quel est le pays le plus grand du monde (*or* le plus grand pays du monde)?

6 *a* Quel est le monument le moins beau?
b Quel est le menu le moins cher?
c Quelle est la voiture la moins économique?
d Quelle est l'auberge la moins confortable?
e Quels sont les fruits les moins chers?

Chapter 10

1 *a* Oui, je le prends.
b Non, elle ne l'achète pas tous les jours.
c Non, je n'en bois pas.
d Non, il ne l'aime pas beaucoup.
e Oui, il en joue un peu.
f Oui, je l'aime beaucoup.
g Oui, j'en veux deux kilos.
h Non, elle en a deux.
i Oui, il la vend.
j Oui, il en fait toutes les semaines.

2A *a* cinq heures dix/dix-sept heures dix
b huit heures quarante-cinq/neuf heures moins le quart
c douze heures trente/midi et demi
d vingt-trois heures quatorze/onze heures quatorze
e deux heures trente/deux heures et demie
f minuit
B Le lundi, il va manger au restaurant à vingt heures et toutes les semaines, il va au théâtre à vingt-et-une heures.
Le mardi, il dîne chez lui avec des amis à dix-neuf heures trente et il joue au bridge à vingt-et-une heures.
Le mercredi à dix-huit heures, il joue au squash avec Paul et à vingt heures il va au restaurant.
Le jeudi, il regarde la télévision toute la soirée.
Le vendredi de temps en temps, il joue au tennis à dix-neuf heures et toutes les semaines, il va au cinéma à vingt heures trente.
Le samedi, il part en week-end.

3A *a* travaillez *b* fais *c* prend *d* achetons *e* habitent *f* vas *g* est *h* buvons *i* faisons *j* suis
B *a* Vous *b* Nous *c* J' *d* Pierre et Marie *e* Pierre et Marie *f* Pierre et Marie *g* Vous *h* Pierre et Marie *i* Je *j* Vous

4A *a* ces *b* celui-ci celui-là celui-ci *c* le bleu *d* le vert en quarante-deux *e* cette *f* cette en cuir en laine *g* la rose *h* Celle-ci? *i* celle-là *j* en coton
B *a* La petite est pour David et celle-là est pour Tom.
b Celle-ci est à John et la grande est à Paul.
c Ceux-ci sont de Constable et ceux-là sont de Monet.
d Celui-ci est à Tony et celui-là est à Andrea.
e Celui-ci est en bois et le noir est en plastique.

5 *a* Sylvie aime beaucoup le poulet mais Jacques l'aime un peu.
b Sylvie aime un peu le poisson mais Jacques ne l'aime pas du tout.

c Sylvie adore les frites et Jacques les aime beaucoup.

d Sylvie n'aime pas du tout les tomates et Jacques ne les aime pas beaucoup.

e Sylvie déteste la glace mais Jacques l'adore.

6 *a* Il n'y a pas assez de jours de vacances.
b Les week-ends sont trop courts.
c Il y a beaucoup trop de travail.
d Le bureau n'est pas assez grand.
e Il y a beaucoup trop de bruit.

7A *a* Ajaccio est plus joli que Lyon.
b Dijon est plus petit que Paris.
c Le cognac est meilleur que l'armagnac.
d Le français est moins difficile que l'anglais.
e Cette maison-ci est aussi petite que cette maison-là.
B *a* Paris est la plus grande ville de France.
b Ce fromage est le meilleur de tous les fromages.
c C'est la voiture la moins économique.
d Le TGV est le train le plus rapide.
e C'est le vin le moins cher.

Chapter 11

1 *a* Oui, il peut m'emmener.
b Oui, il nous écoute.
c Oui, je peux vous (OR t') aider.
d Oui, il me téléphone.
e Oui, nous pouvons vous servir à boire.
f Oui, il nous voit souvent.
g Oui, je vous observe depuis longtemps.

2A *a* vous *b* te/vous *c* nous *d* t' *e* vous
B *a* te *b* vous *c* te *d* me *e* vous
C *a* lui *b* lui *c* leur *d* leur *e* lui

3 *a* Il te faut combien de temps pour aller de Paris à Londres par avion? Il me faut trente-cinq minutes.
b Il nous faut combien de temps pour aller de Paris à Nice en voiture? Il nous faut six heures.
c Il te faut combien de temps pour aller de St-Malo à Rennes à vélo? Il me faut quatre heures.
d Il nous faut combien de temps pour faire la grande traversée des Alpes à pied? Il nous faut six semaines.
e Il vous faut combien de temps pour faire un marathon? Il me faut à peu près quatre heures.

4A *a* peux *b* voulez *c* peuvent *d* pouvons
e puis
B *a* Est-ce qu'elle peut téléphoner, s'il vous plaît? Oui, elle peut téléphoner, bien sûr.

b Est-ce que nous pouvons aller au cinéma avec mes amis? Non, vous ne pouvez pas.
c Combien de kilos de pommes voudriez-vous? J'en voudrais deux.
d Est-ce que je peux vous aider? (Puis-je vous aider?) Oui, vous pouvez.
e Est-ce que vous pouvez faire ceci pour moi, s'il vous plaît?

5 *a* Est-ce que vous aimeriez (voulez) boire quelque chose?
b Est-ce que vous pourriez acheter ceci pour moi, s'il vous plaît?
c J'aimerais aller à Biarritz.
d Est-ce que vous pourriez m'aider, s'il vous plaît?
e Voudriez-vous faire ceci pour moi?

6 *a* A quelle heure est le TGV?
b Quand êtes-vous en vacances?/Quand est-ce que vous êtes en vacances?
c Comment voyagez-vous?
d Où travaillez-vous?/Vous travaillez où?/ Où est-ce que vous travaillez?
e Combien d'enfants avez-vous?
f Combien d'argent avez-vous?
g Pourquoi est-ce que vous aimez la France?
h Quelle est votre maison?
i Quelle heure est-il?
j Qu'est-ce que c'est?/C'est quoi?

Chapter 12

1 mangé eu joué sorti été regardé bu fait pris pu allé venu lu mis attendu servi ouvert

2 Nous avons pris . . . Nous avons passé . . . Il a fait . . . Le soleil a brillé . . . il y a eu . . . Nous avons visité . . . nous avons pris . . . J'ai goûté . . . J'ai voulu . . . j'ai tout aimé.

3A *a* J'habite en France depuis cinq ans.
b Il dort depuis trois heures.
c Je travaille à Toulouse depuis trois semaines.
d Je suis ici depuis deux heures de l'après-midi.
e Je suis dans ce pays depuis cinq jours.
B *a* Depuis combien de temps travaillez-vous ici?
b Depuis combien de temps habitez-vous à Glasgow?
c Depuis combien de temps fumez-vous?
d Depuis combien de temps passez-vous toutes vos vacances en France?
e Depuis combien de temps ne mangez-vous pas de choucroute?

4   A Brest, il pleut. Il fait 12°.
A Nantes, il y a des nuages. Il fait 15°.
A Biarritz, il y a du soleil. Il fait 20°.
A Marseille, il fait beau. Le soleil brille. Il
fait 25°.
A Lyon, il y a des nuages. Il fait 18°.
A Limoges, il y a des nuages et il fait un
peu de soleil. Il fait 17°.
A Strasbourg, il pleut. Il fait 13°.
A Lille, le temps est nuageux, mais il y a
aussi du soleil avec une température
de 16°.

5A *a* Combien est-ce qu'il y a de kilomètres
entre Paris et Lyon?
Il y a 469 kilomètres.
b Combien est-ce qu'il y a de kilomètres de
Paris au Havre?
Il y a 208 kilomètres.
c Combien est-ce qu'il y a de kilomètres
entre Bruxelles et Bonn?
Il y a 215 kilomètres.
d Combien est-ce qu'il y a de kilomètres
entre Paris et Brest?
Il y a 595 kilomètres.
B *a* Quelle est la hauteur de l'immeuble? Il
mesure 150 mètres de hauteur.
b Combien mesure la femme? Elle mesure
1,68 m.
c Combien mesure le poisson? Il fait 25 cm
de long.
d Combien mesure la pièce? Elle mesure
4,50 m de long et 2,70 m de large (OR Elle
fait 4,50 m sur 2,70 m).

Chapter 13

1   nous sommes allés/nous sommes arrivés/
nous sommes restés/je suis allé/je suis
monté/nous sommes rentrés/nous sommes
passés

2   *a* je me lève   *b* nous nous reposons
c elle se couche   *d* ils se promènent
e nous nous baignons   *f* je me couche
g vous vous réveillez   *h* je me marie
i vous vous coupez   *j* je me prépare

3   *a* sa montre   *b* mon amie   *c* ma/notre
voiture   *d* leur jardin   *e* ma famille
f mes/nos enfants   *g* mes lunettes   *h* son
appartement   *i* ses photos   *j* leurs livres

4   *a* en au   *b* Au   *c* aux   *d* dans le   *e* à
f en   *g* à   *h* à à   *i* Au   *j* à

5A *a* Oui, j'y ai habité.
b Oui, j'y vais.
c Oui, nous y sommes arrivés en 1956.
d Oui, je vais y arriver à l'heure.
e Oui, je m'y promène souvent.
B *a* Oui, j'en reviens.
b Oui, elle y est allée.
c Oui, il en vient.
d Oui, elles en viennent.
e Oui, j'y suis née.

6   *a* J'y vais en juillet seulement/Je n'y vais
qu'en juillet.
b Je parle français et allemand seulement/
Je ne parle que français et allemand.
c J'aime les vins rouges seulement/Je
n'aime que les vins rouges.
d Je mesure 1,80 m seulement/Je ne
mesure qu'1,80 m.
e J'en ai deux seulement/Je n'en ai que
deux.

Chapter 14

1   *a* il allait   *b* vous aviez   *c* il pouvait
d nous mangions   *e* elles achetaient
f je m'appelais   *g* vous preniez   *h* elle
marchait . . . elle était   *i* nous buvions
j je passais

2   *a* J'attendais . . . elle est arrivée
b Il était . . . Je dormais . . . j'ai entendu
c J'avais . . . j'allais
d Nous nous préparions . . . elles sont
arrivées
e Ma mère avait l'habitude . . . nous étions
. . . il n'y avait pas

3   *a* Jacques vient d'acheter les légumes.
b La patronne vient de passer par là.
c Les touristes viennent d'arriver à
Grenoble.
d Elles viennent de sortir du restaurant.
e Mon mari vient de téléphoner.

4   *a* chez moi   *b* derrière elle   *c* vers lui
d chez elle   *e* pour vous/toi   *f* de nous
g d'eux

5   Jacqueline ira j'irai j'achèterai nous
pourrons nous verrons nous déjeunerons
nous prendrons Ce sera Jacqueline
repartira je rentrerai

Chapter 15

1 *a* vous *b* le *c* lui *d* vous *e* me
f lui/elle/vous etc. *g* l' *h* m' *i* les *j* le

2 Comment vous appelez-vous? Quel est
votre nom?
Quel est votre prénom?
Quelle est votre date de naissance?
Où êtes-vous née?
Vous êtes mariée? Quand est-ce que vous
vous êtes mariée?
Avez-vous des enfants?
Qu'est-ce que vous faites?
Quel est votre métier?
Depuis quand êtes-vous secrétaire?
Où habitez-vous?/Quelle est votre adresse?
Quel est votre numéro de téléphone?

3A *a* Depuis quand travaillez-vous ici?
  b Depuis quand habitez-vous ici?
  c Vous êtes arrivé quand?/Quand êtes-
    vous arrivé? Depuis quand êtes-vous
    arrivé?
  d Quand partez-vous?/Quand est-ce que
    vous partez?/Vous partez quand?
  e Combien de temps allez-vous rester?
 B *a* J'ai déjeuné il y a quatre heures.
  b Je suis à Nantes depuis le 1 janvier 1990.
  c J'ai quitté Lyon il y a six mois.
  d Je suis en vacances pour/depuis deux
    semaines.
  e Nous avons acheté notre maison il y a
    vingt-deux ans.

4 je suis arrivé il m'a présenté nous avons
pris nous avons déjeuné nous sommes
allés nous avons marché je me suis baigné
nous avons joué nous sommes rentrés
je suis retourné

5 j'avais j'allais mes parents y avaient nous
allions nous passions il faisait mon père
nous emmenait c'était j'étais je n'aimais pas

6 *a* Combien est-ce qu'il faut de temps pour
    aller de Paris à Bruxelles? Il faut trois
    heures.
  b Quand part le train qui va à Nice? Il part
    dans dix minutes.
  c Quand part le prochain train pour
    Toulouse? Le prochain train part à neuf
    heures cinq.
  d De quel quai part le train pour Tours? Il
    part du quai numéro trois.
  e Il faut combien de temps pour aller de
    Bordeaux à Paris? Il faut cinq heures.

7 *a* voulez *b* voudrais *c* voulez
  d voudrais *e* voulez *f* pouvez
  g voulez *h* voudrais *i* veut
  j pouvez

8 *a* sa femme *b* mon/notre hôtel *c* leurs
chaussures *d* leur argent *e* mon amie
f ses chemises *g* ma voiture *h* leur vélo
i mon/notre fils *j* son chien

List of exercises

The figures refer to the chapter and to the number of the exercise.

Glossary of new words

With words preceded by **l'** or **les**, the gender is indicated by an (m) for masculine and an (f) for feminine.

aider *to help*
les Antilles (f) *West Indies*
l'aquarelle (f) *water-colour*
l'autoroute (f) *motorway*
avoir l'habitude (f) de *to be in the habit of*

la baignade *bathing*
le ballon *ball*
le banc *bench*
la bibliothèque *library*
la boîte de bière *can of beer*
le bureau *office*

célibataire *single*
le chapeau *hat*
le chou *cabbage*
les courses (f) *errands, shopping*
court(e) *short*
la couture *sewing*
le cuir *leather*

la date de naissance *date of birth*
la dent *tooth*
donner à manger à *to feed*
dormir *to sleep*

emmener *to take*
l'essence (f) *petrol*

fatigué(e) *tired*
le fils *son*
la framboise *raspberry*
fumer *to smoke*

gagner *to earn*
le gazole *diesel*
le genou *knee*
goûter *to taste*
la grand-mère *grandmother*

la hauteur *height*
l'hôtel (m) de police *police station*
les huîtres (f) *oysters*

l'immeuble (m) *block of flats*
l'infirmière (f) *nurse*

joyeux, joyeuse *merry*

les lardons (m) *bacon*
lentement *slowly*
le loup *wolf*
lourd(e) *heavy*

la mère *mother*
la montre *watch*
mûr(e) *ripe*

l'or (m) *gold*

en panne *broken down*
Pâques *Easter*
perdu(e) *lost*
la piscine *swimming pool*
pleuvoir *to rain*
   il pleut *it rains*
le pommier *apple-tree*
le professeur *teacher*
la promenade à pied *walk*

le quartier *area (town)*

rouler *to drive*

soudainement *all of a sudden*
le supermarché *supermarket*

le tissage *weaving*
le trajet *journey*
la traversée *crossing*

la veste *jacket*